El Mundo de los Pasteles

Descubriendo la Dulzura en Cada Bocado

José Manuel Torres

Tabla de contenido

Bizcocho de fresa y coco

hacer 16

Para pastelería (pasta):

50 g/2 oz/¼ taza de manteca (manteca vegetal)

50 g/2 oz/¼ taza de mantequilla o margarina

200 g/7 oz/1¾ tazas de harina para todo uso

Aproximadamente 15 ml/1 cucharada de agua

225 g/8 oz/2/3 taza de mermelada de fresa (enlatada)

Para el llenado:

175 g/6 oz/¾ taza de mantequilla o margarina, blanda

175 g/6 oz/¾ taza de azúcar en polvo (super fina).

3 huevos, ligeramente batidos

15 ml/1 cucharada de harina normal (para todo uso)

cáscara rallada de 1 limón

225 g/8 oz/2 tazas de coco deshidratado (rallado)

Para hacer la masa, frotar la manteca de cerdo y la mantequilla o margarina en la harina hasta que la mezcla parezca pan rallado. Mezcle suficiente agua para hacer una masa, extiéndala sobre una superficie ligeramente enharinada y cubra el fondo y los lados de una lata de rollo suizo de 30 x 20 cm/12 x 8 (bandeja de rollo de gelatina). Pincharlo todo con un tenedor. Reserva los accesorios. Untar la masa con mermelada.

Para hacer el relleno, bata la mantequilla o margarina y el azúcar hasta que quede suave y esponjoso. Batir poco a poco los huevos, luego incorporar la harina y la ralladura de limón, agregar el coco, esparcir sobre la mermelada, sellando los bordes a la masa. Extienda la masa y haga un patrón de celosía sobre la parte superior de la bandeja para hornear. Hornee en un horno precalentado a 190°C/375°F/gas marca 5 durante 30 minutos hasta que estén doradas. Cortar en cuadrados cuando se enfríe.

Barritas de azúcar moreno y plátano

hacer 12

75 g/3 oz/1/3 taza de mantequilla o margarina

225 g/8 oz/1 taza de azúcar morena suave

1 huevo grande, ligeramente batido

150 g/5 oz/1¼ tazas de harina para todo uso

5 ml/1 cucharadita de levadura en polvo

Una pizca de sal

100 g/4 oz/1 taza de chispas de chocolate

50 g/2 oz/½ taza de chips de plátano secos, picados en trozos grandes

Derrita la mantequilla o la margarina, luego retírela del fuego y agregue el azúcar, deje enfriar hasta que esté tibia. Agregue gradualmente el huevo, luego agregue los ingredientes restantes para formar una masa bastante rígida. Si está demasiado rígido, agregue un poco de leche. Viértalo en un molde para pastel cuadrado de 18 cm/7 pulgadas engrasado y hornee en un horno precalentado a 140 °C/275 °F/nivel de gas 1 durante 1 hora hasta que esté crujiente por encima. Dejar en el molde hasta que esté tibio, luego cortar en barras y retirar para terminar de enfriar sobre una rejilla. La mezcla estará bastante pegajosa hasta que se enfríe.

Barritas de girasol y nueces

hacer 18

150g/5oz/2/3 taza de mantequilla o margarina

45 ml/3 cucharadas de miel clara

Unas gotas de esencia de almendras (extracto)

275 g/10 oz/2½ tazas de copos de avena

25 g/1 oz/¼ taza de almendras en hojuelas (en rodajas)

25 g/1 oz/2 cucharadas de semillas de girasol

25 g/1 oz/2 cucharadas de semillas de sésamo

50 g/2 oz/1/3 taza de pasas

Derrita la mantequilla o la margarina con la miel, luego agregue todos los ingredientes restantes y mezcle bien. Vierta en un molde para pastel cuadrado de 20 cm / 8 engrasado y nivele la superficie. Presione suavemente la mezcla hacia abajo. Hornee en un horno precalentado a 190°C/375°F/gas marca 5 durante 20 minutos. Dejar enfriar un poco, luego cortar en barras y retirar de la lata cuando esté frío.

cuadrados de caramelo

hacer 16

75 g/3 oz/¾ taza de harina para todo uso

50 g/2 oz/¼ taza de mantequilla o margarina, blanda

25 g/1 oz/2 cucharadas de azúcar morena blanda

Una pizca de sal

1,5 ml/¼ de cucharadita de bicarbonato de sodio (bicarbonato de sodio)

30 ml/2 cucharadas de leche

Para la cobertura:

75 g/3 oz/1/3 taza de mantequilla o margarina

75 g/3 oz/1/3 taza de azúcar morena suave

25 g/1 oz/¼ taza de chispas de chocolate

Mezcle todos los ingredientes del pastel y agregue suficiente leche para obtener una consistencia suave que gotee. Presione en un molde para pastel cuadrado de 23 cm / 9 pulgadas engrasado y hornee en un horno precalentado a 180 ° C / 350 ° F / marca de gas 4 durante 15 minutos hasta que estén dorados.

Para hacer la cobertura, derrita la mantequilla o margarina y el azúcar en una cacerola pequeña, hierva y cocine a fuego lento durante 2 minutos, revolviendo constantemente. Verter sobre la base y volver al horno durante 5 minutos. Espolvorea con chispas de chocolate y déjalas remojar en la cobertura mientras el pastel se enfría. Cortar en barras.

Hornear en bandeja de toffee

hacer 16

100 g/4 oz/½ taza de mantequilla o margarina, blanda

100 g/4 oz/½ taza de azúcar morena suave

1 yema de huevo

50 g/2 oz/½ taza de harina para todo uso

50 g/2 oz/½ taza de copos de avena

Para la cobertura:

100 g/4 oz/1 taza de chocolate normal (semidulce)

25 g/1 oz/2 cucharadas de mantequilla o margarina

30 ml/2 cucharadas de nueces picadas

Batir la mantequilla o margarina, el azúcar y la yema de huevo hasta que quede suave. Agregue la harina y la avena.Presione en un molde para rollo suizo de 30 x 20 cm/12 x 8 engrasado y hornee en un horno precalentado a 190 °C/375 °F/nivel de gas 5 durante 20 minutos.

Para hacer la cobertura, derrita el chocolate y la mantequilla o la margarina en un recipiente resistente al calor sobre una cacerola con agua ligeramente hirviendo. Extender sobre la mezcla y espolvorear con las nueces. Dejar enfriar un poco, luego cortar en barras y dejar enfriar en el molde.

Tarta de queso de albaricoque

Haz un pastel de 23 cm/9 pulgadas

225 g/8 oz/2 tazas de migas de pan de jengibre (galleta)

30 ml/2 cucharadas de azúcar moreno suave

50 g/2 oz/¼ taza de mantequilla o margarina, derretida

Para el llenado:

15 g/½ oz/1 cucharada de gelatina en polvo

225 g/8 oz/1 taza de azúcar en polvo (superfina)

250 ml/8 fl oz/1 taza de jarabe de la lata de albaricoques

90 ml/6 cucharadas de brandy o brandy de albaricoque

45 ml/3 cucharadas de jugo de limón

4 huevos, separados

450 g/1 lb/2 tazas de queso crema suave

250 ml/8 fl oz/1 taza de crema para batir

Para la cobertura:

400 g/14 oz/1 lata grande de mitades de albaricoque en almíbar, escurridas y reservadas en almíbar

90 ml/6 cucharadas de brandy de albaricoque

30 ml/2 cucharadas de harina de maíz (fécula de maíz)

Revuelva las migas de galleta y el azúcar en la mantequilla derretida y presione en el fondo de un molde para pastel (bandeja) de fondo suelto de 23 cm/9 pulgadas. Hornee en un horno precalentado a 160°C/335°F/gas marca 3 durante 10 minutos. Retire y deje enfriar.

Para hacer el relleno, mezcle la gelatina y la mitad del azúcar con el jarabe de albaricoque, el brandy y el jugo de limón. Cocine a fuego lento durante unos 10 minutos, revolviendo constantemente, hasta que espese. Agregue las yemas de huevo, retire del fuego y deje enfriar un poco. Bate el queso hasta que quede suave. Mezcle lentamente la mezcla de gelatina con el queso y refrigere hasta que espese un poco. Bate las claras de huevo hasta que formen picos suaves, luego bate gradualmente el azúcar restante hasta que la mezcla esté rígida y brillante. Batir la nata a punto de nieve. Doblar las dos mezclas en el queso y verter en la base horneada. Refrigere por varias horas hasta que esté firme.

Disponer las mitades de albaricoque encima de la tarta de queso. Caliente el brandy y la harina de maíz juntos, revolviendo, hasta que estén espesos y claros. Deje que se enfríe un poco, luego vierta sobre los albaricoques para glasear.

Tarta de queso con aguacate

Haz un pastel de 20 cm/8 pulgadas

225 g/8 oz/2 tazas de migas de galleta graham digestiva

75 g/3 oz/1/3 taza de mantequilla o margarina, derretida

Para el llenado:

10 ml/2 cucharaditas de gelatina en polvo

30 ml/2 cucharadas de agua

2 aguacates maduros

Jugo de ½ limón

cáscara rallada de 1 limón

100 g/4 oz/½ taza de queso crema

75 g/3 oz/1/3 taza de azúcar en polvo (superfina)

2 claras de huevo

300 ml/½ pt/1¼ tazas de crema para batir o crema doble (pesada)

Mezcle las migas de galleta y la mantequilla o margarina derretidas y presiónelas contra el fondo y los lados de un molde para pastel (molde) de fondo suelto engrasado de 20 cm/8 pulgadas. Enfriar.

Espolvorear la gelatina sobre el agua en un bol y dejar hasta que quede esponjosa. Colocar el bol en una cacerola con agua caliente y dejar hasta que se disuelva. Dejar enfriar un poco. Pelar y deshuesar (deshuesar) los aguacates y triturar la pulpa con jugo de limón y ralladura. Batir el queso y el azúcar, agregar la gelatina disuelta, batir las claras de huevo hasta que estén firmes, luego incorporarlas a la mezcla con una cuchara de metal. Batir la mitad de la crema hasta que esté firme, luego incorporarla a la mezcla. Verter la base de galleta por encima y refrigerar hasta que cuaje.

Bate la crema restante hasta que esté firme, luego colócala decorativamente sobre la tarta de queso.

tarta de plátano

Haz un pastel de 20 cm/8 pulgadas

75 g/3 oz/1/3 taza de mantequilla o margarina, derretida

175 g/6 oz/1½ tazas de migas de galleta digestiva (galleta graham)

Para el llenado:

2 plátanos, machacados

350g/12oz/1½ tazas de tofu firme

100 g/4 oz/½ taza de requesón

Corteza rallada y jugo de 1 limón

Rodajas de limón para decorar

Mezcle la mantequilla o la margarina y las galletas y presione en el fondo de un molde para pastel de 20 cm / 8 engrasado con fondo suelto (forma). Batir todos los ingredientes para la cobertura y verter sobre la base. Refrigere durante 4 horas antes de servir adornado con rodajas de limón.

Pastel de queso caribeño ligero

Haz un pastel de 20 cm/8 pulgadas

75 g/3 oz/1/3 taza de mantequilla o margarina

175 g/6 oz/1¾ tazas de harina para todo uso

Una pizca de sal

30 ml/2 cucharadas de agua fría

400 g/14 oz/1 lata grande de piña, escurrida y picada

150g/5oz/2/3 taza de requesón

2 huevos, separados

15 ml/1 cucharada de ron

Frote la mantequilla o la margarina en la harina y la sal hasta que la mezcla parezca pan rallado. Mezcle en suficiente agua para hacer una masa (pasta). Estirar y usar para forrar un anillo de flan de 20 cm/8 pulgadas. Mezcle la piña, el queso, las yemas de huevo y el ron. Bate las claras de huevo hasta que estén firmes, luego incorpóralas a la mezcla. Cuchara en el caso (cáscara). Hornee en un horno precalentado a 200°C/400°F/gas marca 6 durante 20 minutos. Deja que se enfríe en el molde antes de sacarlo.

Tarta de queso con cerezas negras

Haz un pastel de 20 cm/8 pulgadas

75 g/3 oz/1/3 taza de mantequilla o margarina, derretida

175 g/6 oz/1½ tazas de migas de galleta digestiva (galleta graham)

Para el llenado:

350g/12oz/1½ tazas de tofu firme

100 g/4 oz/½ taza de requesón

Corteza rallada y jugo de 1 limón

400g/14oz/1 lata grande de cerezas negras, escurridas

Mezcle la mantequilla o la margarina y las galletas y presione en el fondo de un molde para pastel de 20 cm / 8 engrasado con fondo suelto (forma). Batir el tofu, el queso, el jugo de limón y la ralladura, luego agregar las cerezas y verter sobre la base. Refrigere por 4 horas antes de servir.

Cheesecake de coco y albaricoque

Haz un pastel de 20 cm/8 pulgadas

Para la corteza:

200 g/7 oz/1¾ tazas de coco deshidratado (rallado)

75 g/3 oz/1/3 taza de mantequilla o margarina, derretida

Para el llenado:

120 ml/4 fl oz/½ taza de leche condensada

30 ml/2 cucharadas de jugo de limón

250g/9oz/1 bote de queso crema

120 ml/4 fl oz/½ taza de crema doble (pesada)

Para la cobertura:

5 ml/1 cucharadita de gelatina en polvo

30 ml/2 cucharadas de agua

100 g/4 oz/1/3 taza de mermelada de albaricoque (en conserva), colada

30 ml/2 cucharadas de azúcar glas (superfino) azúcar

Tostar el coco en una sartén seca (olla) hasta que esté dorado. Agregue la mantequilla o la margarina, luego presione la mezcla en un molde para pastel de 20 cm / 8. Enfriar.

Mezcle la leche condensada y el jugo de limón, luego agregue el queso crema, bata la crema hasta que esté firme, luego incorpórela a la mezcla. Verter en la base de coco.

Combine la gelatina y el agua en una cacerola pequeña a fuego muy lento y revuelva la mermelada y el azúcar durante unos minutos hasta que estén claros y bien mezclados. Verter sobre el relleno, dejar enfriar y refrigerar hasta que cuaje.

Tarta de queso con arándanos

Haz un pastel de 23 cm/9 pulgadas

100 g/4 oz/1 taza de migas de galleta digestiva (galleta graham)

50 g/2 oz/¼ taza de mantequilla o margarina, derretida

225 g/8 oz de arándanos rojos, enjuagados y escurridos

150 ml/¼ pt/2/3 taza de agua

150 g/5 oz/2/3 taza de azúcar en polvo (super fina).

15 g/½ oz/1 cucharada de gelatina en polvo

60 ml/4 cucharadas de agua

225 g/8 oz/1 taza de queso crema

175 g/6 oz/¾ taza de queso ricota

5 ml/1 cucharadita esencia de vainilla (extracto)

Mezcle las migas de galleta y la mantequilla derretida y presione en el fondo de un molde desmontable engrasado de 23 cm/9. Enfriar.

Poner los arándanos, 150 ml/¼ pt/ 2/3 taza de agua y azúcar en una cacerola y llevar a ebullición. Cocine por 10 minutos, revolviendo ocasionalmente. Espolvorear la gelatina sobre los 60 ml/4 cucharadas de agua en un bol y dejar que se esponje. Colocar el bol en una cacerola con agua caliente y dejar hasta que se disuelva. Agregue la gelatina a la mezcla de arándanos, retire del fuego y deje que se enfríe un poco. Mezcle los quesos y la esencia de vainilla, vierta la mezcla en el fondo y distribuya uniformemente. Refrigere por varias horas hasta que esté firme.

Tarta de queso con jengibre

Hace un pastel de 900 g / 2 lb

275 g/10 oz/2½ tazas de migas de pan de jengibre (galleta)

100 g/4 oz/½ taza de mantequilla o margarina, derretida

225 g/8 oz/1 taza de queso crema

150 ml/¼ pt/2/3 taza de crema doble (pesada)

100 g/4 oz/½ taza de azúcar en polvo (superfina)

15 ml/1 cucharada de jengibre de tallo picado

15 ml/1 cucharada de sirope de brandy o jengibre

2 huevos, separados

Jugo de 1 limón

15 g/½ oz/1 cucharada de gelatina en polvo

Revuelva las galletas en la mantequilla. Mezcle el queso crema, la crema, el azúcar, el jengibre y el brandy o el jarabe de jengibre. Batir las yemas de huevo, poner el jugo de limón en una cacerola pequeña y espolvorear la gelatina por encima. Dejar reposar durante unos minutos, luego disolver a fuego lento. No hierva. Batir las claras de huevo a picos suaves. Revuelva bien 15 ml/1 cucharada en la mezcla de queso. Agregue el resto con cuidado y vierta la mitad de la mezcla en un molde para pan de 900 g / 2 lb ligeramente engrasado. Espolvorea uniformemente con la mitad de la mezcla de galletas. Agregue otra capa de las mezclas restantes de queso y galletas. Refrigerar por varias horas. Sumerja el molde en agua hirviendo durante unos segundos, luego cubra con un plato y déjelo listo para servir.

Tarta de queso con jengibre y limón

Haz un pastel de 20 cm/8 pulgadas

175 g/6 oz/1½ tazas de migas de galletas de nueces y jengibre

50 g/2 oz/¼ taza de mantequilla o margarina, derretida

15 g/½ oz/1 cucharada de gelatina

30 ml/2 cucharadas de agua fría

2 limones

100 g/4 oz/½ taza de requesón

100 g/4 oz/½ taza de queso crema

50 g/2 oz/¼ taza de azúcar en polvo (superfina)

150 ml/¼ pt/2/3 taza de yogur natural

150 ml/¼ pt/2/3 taza de crema doble (pesada)

Revuelva las migas de galleta en la mantequilla o margarina. Presione la mezcla en el fondo de un anillo de flan suelto de 20 cm/8 pulgadas. Espolvorea la gelatina sobre el agua, luego disuélvela en una cacerola con agua tibia. Corta tres tiras de cáscara de un limón. Rallar la ralladura restante de ambos limones. Corte los limones en cuartos, retire las semillas y la piel y haga puré la pulpa en un procesador de alimentos o licuadora. Agregue el queso y mezcle. Añadir el azúcar, el yogur y la nata y mezclar de nuevo. Incorporar la gelatina, verter sobre la base y dejar enfriar hasta que cuaje. Decorar con cáscara de limón.

Tarta de queso con avellana y miel

Haz un pastel de 23 cm/9 pulgadas

175 g/6 oz/1½ tazas de migas de galleta digestiva (galleta graham)

75 g/3 oz/1/3 taza de mantequilla o margarina, derretida

100 g/4 oz/1 taza de avellanas

225 g/8 oz/1 taza de queso crema

60 ml/4 cucharadas de miel clara

2 huevos, separados

15 g/½ oz/1 cucharada de gelatina en polvo

30 ml/2 cucharadas de agua

250 ml/8 fl oz/1 taza de crema doble (pesada)

Mezcle las galletas y la mantequilla y presione en el fondo de un molde para flan flojo de 23 cm/9. Reserva unas cuantas avellanas para decorar y muele el resto. Mezclar con el queso crema, la miel y las yemas de huevo y batir bien. Mientras tanto, espolvorea la gelatina sobre el agua y déjala reposar hasta que esté esponjosa. Coloque el tazón en una olla con agua caliente y revuelva hasta que se derrita. Agregue la mezcla de queso con la crema. Bate las claras de huevo a punto de nieve y mézclalas con cuidado en la mezcla. Viértela sobre la base y refrigera hasta que cuaje. Decorar con las avellanas enteras.

Cheesecake de grosellas y jengibre

Haz un pastel de 23 cm/9 pulgadas

3 piezas de tallo de jengibre, en rodajas finas

50 g/2 oz/¼ taza de azúcar granulada

75 ml/5 cucharadas de agua

225 g/8 oz de grosellas

50 g/2 oz/½ paquete de gelatina sabor lima (gelatina)

15 g/½ oz/1 cucharada de gelatina en polvo

Corteza rallada y jugo de ½ limón

225 g/1 taza de queso crema

75 g/3 oz/1/3 taza de azúcar en polvo (superfina)

2 huevos, separados

300 ml/½ pt/1¼ tazas de crema doble (pesada)

75 g/3 oz/1/3 taza de mantequilla o margarina, derretida

175 g/6 oz/1½ tazas de migas de pan de jengibre (galleta)

Engrase y cubra un anillo de flan flojo de 23 cm/9 in. Acomode el tallo de jengibre alrededor del borde de la base. Disuelva el azúcar granulada en el agua en una cacerola, luego lleve a ebullición. Agregue las grosellas y cocine a fuego lento durante unos 15 minutos hasta que estén tiernas. Retire las grosellas espinosas del almíbar con una espumadera y colóquelas en el centro de la lata preparada. Mida el jarabe y llene hasta 275 ml/9 fl oz/1 taza pequeña con agua. Regrese a fuego lento y agregue la gelatina hasta que se disuelva. Retíralo del fuego y déjalo reposar hasta que empiece a cuajar. Vierta sobre las grosellas y refrigere hasta que cuaje.

Espolvorear la gelatina sobre 45 ml/3 cucharadas de jugo de limón en un bol y dejar hasta que quede esponjosa. Colocar el bol en una cacerola con agua caliente y dejar hasta que se disuelva. Batir el queso crema con la ralladura de limón, el azúcar glas, las yemas, la gelatina y la mitad de la nata. Batir la crema restante hasta que espese, luego incorporarla a la mezcla. Bate las claras de huevo a punto de nieve, luego dóblalas ligeramente. Vierta en la lata y refrigere hasta que cuaje.

Mezcle mantequilla o margarina y migas de galleta y espolvoree sobre la tarta de queso. Presione ligeramente hacia abajo para asegurar la base. Enfriar hasta que esté firme.

Sumerja el fondo de la sartén en agua caliente durante unos segundos, pase un cuchillo por el borde de la tarta de queso y luego dé vuelta en un plato.

Cheesecake ligero de limón

Haz un pastel de 20 cm/8 pulgadas

Para la base:

50 g/2 oz/¼ taza de mantequilla o margarina

50 g/2 oz/¼ taza de azúcar en polvo (superfina)

100 g/4 oz/1 taza de migas de galleta digestiva (galleta graham)

Para el llenado:

225 g/8 oz/1 taza de queso blando con toda la grasa

2 huevos, separados

100 g/4 oz/½ taza de azúcar en polvo (superfina)

cáscara rallada de 3 limones

150 ml/¼ pt/2/3 taza de crema doble (pesada)

Jugo de 1 limón

45 ml/3 cucharadas de agua

15 g/½ oz/1 cucharada de gelatina en polvo

Para la cobertura:

45 ml/3 cucharadas de crema de limón

Para hacer la base, derrita la mantequilla o margarina y el azúcar a fuego lento. Agregue las migas de galleta, presione en el fondo de un molde para pastel de 20 cm/8 y refrigere.

Para hacer el relleno, ablande el queso en un tazón grande para mezclar. Batir las yemas de huevo, la mitad del azúcar, la ralladura de limón y la nata.Poner en un bol el zumo de limón, el agua y la gelatina y disolver en una cacerola con agua caliente. Batir la mezcla de queso y dejar reposar hasta que se haya endurecido. Bate las claras de huevo hasta que estén firmes, luego bate el azúcar en polvo restante y mézclalo suave pero completamente con la mezcla de queso. Verter sobre la base y alisar la superficie.

Refrigere durante 3-4 horas hasta que cuaje. Untar con crema de limón al final.

Tarta de muesli y limón

Haz un pastel de 20 cm/8 pulgadas

175g/6oz/1 taza generosa de muesli

75 g/3 oz/1/3 taza de mantequilla o margarina, derretida

Cáscara finamente rallada y jugo de 2 limones

15 g/½ oz/1 cucharada de gelatina en polvo

225 g/8 oz/1 taza de queso crema

150 ml/¼ pt/2/3 taza de yogur natural

60 ml/4 cucharadas de miel clara

2 claras de huevo

Revuelva el muesli en la mantequilla o margarina y presione en el fondo de un flan engrasado de 20 cm/8 en forma de flan suelto (bandeja). Enfriar hasta que cuaje.

Haga el jugo de limón hasta 150 ml/¼ pt/2/3 taza con agua. Espolvorear la gelatina por encima y dejar hasta que esté blanda. Coloque el recipiente en una olla con agua caliente y caliente suavemente hasta que la gelatina se haya disuelto. Mezcle la ralladura de limón, el queso, el yogur y la miel, luego agregue la gelatina.Bate las claras de huevo hasta que formen picos rígidos, luego incorpóralos suavemente a la mezcla de tarta de queso. Vierta sobre la base y enfríe hasta que esté firme.

tarta de mandarina

Haz un pastel de 20 cm/8 pulgadas

200 g/7 oz/1¾ tazas de migas de galleta digestiva (galleta graham)

75 g/3 oz/1/3 taza de mantequilla o margarina, derretida

Para la cobertura:

275g/10oz/1 lata grande de mandarinas, escurridas

15 g/½ oz/1 cucharada de gelatina en polvo

30 ml/2 cucharadas de agua tibia

150g/5oz/2/3 taza de requesón

150 ml/¼ pt/2/3 taza de yogur natural

Mezcle las migas de galleta y la mantequilla o la margarina y presione en el fondo de un flaning de 20 cm/8 pulgadas. Enfriar. Machaca las mandarinas con el dorso de una cuchara. Espolvorea la gelatina sobre el agua en un tazón pequeño y déjala hasta que esté esponjosa. Pon el bol en una cacerola con agua hirviendo y déjalo hasta que se disuelva. Mezcle las mandarinas, el requesón y el yogur. Agrega la gelatina, vierte la mezcla del relleno sobre la base y refrigera hasta que cuaje.

Tarta de queso con limón y nueces

Haz un pastel de 20 cm/8 pulgadas

Para la base:

225 g/8 oz/2 tazas de migas de galleta graham digestiva

25 g / 1 oz / 2 cucharadas de azúcar en polvo (superfino).

5 ml/1 cucharadita de canela molida

50 g/2 oz/¼ taza de mantequilla o margarina, derretida

Para el llenado:

15 g/½ oz/1 cucharada de gelatina en polvo

30 ml/2 cucharadas de agua fría

2 huevos, separados

100 g/4 oz/½ taza de azúcar en polvo (superfina)

350 g/12 oz/1½ tazas de queso blando con toda la grasa

Corteza rallada y jugo de 1 limón

150 ml/¼ pt/2/3 taza de crema doble (pesada)

25 g/1 oz/¼ taza de nueces mixtas picadas

Agregue las galletas, el azúcar y la canela a la mantequilla o margarina. Presiona sobre el fondo y los lados de un molde para flan suelto de 20 cm/8 pulgadas. Enfriar.

Para hacer el relleno, disuelva la gelatina en el agua en un tazón pequeño. Coloque el tazón en una olla con agua caliente y revuelva hasta que la gelatina se disuelva. Retíralo del fuego y deja que se enfríe un poco. Batir las yemas de huevo y el azúcar juntos. Coloque el tazón sobre una olla con agua ligeramente hirviendo y continúe batiendo hasta que la mezcla esté espesa y ligera. Retire del fuego y bata hasta que esté tibio. Agregue el queso, la ralladura de limón y el jugo.Bate la crema hasta que esté firme, luego incorpórala a la mezcla con las nueces. Agregue suavemente la gelatina, bata las claras de huevo a punto de nieve y luego incorpórelas a la mezcla. Vierta en la base y refrigere por varias horas o toda la noche antes de servir.

Tarta de queso con lima

8 porciones

Para la base:

40 g/1½ oz/2 cucharadas de miel clara

50g/2oz/¼ taza azúcar demerara

225 g/8 oz/2 tazas de copos de avena

100 g/4 oz/½ taza de mantequilla o margarina, derretida

Para el llenado:

225 g/8 oz/1 taza de quark

250 ml/8 fl oz/1 taza de yogur natural

2 huevos, separados

50 g/2 oz/¼ taza de azúcar en polvo (superfina)

Corteza rallada y jugo de 2 limas

15 g/½ oz/1 cucharada de gelatina en polvo

30 ml/2 cucharadas de agua hirviendo

Agregue miel, azúcar demerara y avena a la mantequilla o margarina. Presione en el fondo de un molde para pastel engrasado de 20 cm / 8 (bandeja).

Para hacer el relleno se mezclan quark, yogur, yemas de huevo, azúcar y ralladura de lima. Espolvorea la gelatina sobre el jugo de lima y el agua caliente y déjala hasta que se disuelva. Caliente sobre un tazón de agua caliente hasta que esté transparente, luego agregue la mezcla y revuelva suavemente hasta que comience a cuajar. Bate las claras de huevo hasta que formen picos suaves, luego incorpóralas a la mezcla. Verter sobre la base preparada y dejar endurecer.

Cheesecake de San Clemente

Haz un pastel de 20 cm/8 pulgadas

50 g/2 oz/¼ taza de mantequilla o margarina

100 g/4 oz/1 taza de migas de galleta digestiva (galleta graham)

2 huevos, separados

Una pizca de sal

100 g/4 oz/½ taza de azúcar en polvo (superfina)

45 ml/3 cucharadas de jugo de naranja

45 ml/3 cucharadas de jugo de limón

15 g/½ oz/1 cucharada de gelatina

30 ml/2 cucharadas de agua fría

350 g/12 oz/1½ tazas de requesón, tamizado

150 ml/¼ pt/2/3 taza de crema doble (espesa), batida

1 naranja, pelada y en rodajas

Frote un molde para pastel de fondo suelto de 20 cm/8 con la mantequilla y espolvoree con galletas. Batir las yemas de huevo con sal y la mitad del azúcar hasta que estén espesas y cremosas. Ponga el jugo de naranja y limón en un tazón y revuelva en una olla con agua caliente hasta que la mezcla comience a espesar y cubra el dorso de una cuchara. Disuelva la gelatina en el agua fría y caliente suavemente hasta que tenga una consistencia de jarabe. Agregue la mezcla de jugo de frutas, luego deje enfriar, revolviendo ocasionalmente. Incorporar el requesón y la nata, batir las claras de huevo a punto de nieve, incorporar el resto del azúcar, incorporar la mezcla de tarta de queso y verter en el molde. Enfriar hasta que esté firme. Desmoldar y espolvorear con las migas sueltas. Servir adornado con rodajas de naranja.

Pascua

Haz un pastel de 23 cm/9 pulgadas

450 g/1 libra/2 tazas de queso crema

100 g/4 oz/½ taza de mantequilla o margarina, blanda

150 g/5 oz/2/3 taza de azúcar en polvo (super fina).

150 ml/¼ pt/2/3 taza de crema agria (ácido láctico)

175 g/6 oz/1 taza de sultanas (pasas doradas)

50 g/2 oz/¼ taza de cerezas glaseadas (confitadas)

100 g/4 oz/1 taza de almendras

50 g/2 oz/1/3 taza de cáscara picada mixta (confitada)

Mezcle el queso, la mantequilla o la margarina, el azúcar y la crema agria hasta que estén bien combinados. Agregue los ingredientes restantes, vierta en un plato de savarín, cubra y refrigere durante la noche. Sumerge el molde en una cacerola con agua caliente durante unos segundos, pasa un cuchillo por el borde del molde y voltea la tarta de queso en un plato. Enfriar antes de servir.

Tarta de queso con piña fácil

Haz un pastel de 25 cm/10 pulgadas

225 g/8 oz/1 taza de mantequilla o margarina

225 g/8 oz/2 tazas de migas de galleta graham digestiva

450 g/1 libra/2 tazas de quark

1 huevo batido

5 ml/1 cucharadita de esencia de almendras (extracto)

15 ml/1 cucharada de azúcar de caña (super fina).

25 g/1 oz/¼ taza de almendras molidas

100 g/4 oz de piña enlatada, picada

Derrita la mitad de la mantequilla o margarina y agregue las migas de galleta.Presione en el fondo de un plato de 25 cm/10 tazas y deje enfriar. Batir la mantequilla o margarina restante con quark, huevos, esencia de almendras, azúcar y almendras molidas. Agregue la piña, extienda sobre la base de galleta y refrigere por 2 horas.

tarta de piña

Haz un pastel de 20 cm/8 pulgadas

75 g/3 oz/1/3 taza de mantequilla o margarina, derretida

175 g/6 oz/1½ tazas de migas de galleta digestiva (galleta graham)

15 g/½ oz/1 cucharada de gelatina en polvo

425 g/15 oz/1 lata grande piña en jugo natural, escurrida y jugo reservado

3 huevos, separados

75 g/3 oz/1/3 taza de azúcar en polvo (superfina)

150 ml/¼ pt/2/3 taza de crema simple (ligera)

150 ml/¼ pt/2/3 taza de crema doble (pesada)

225 g/8 oz/2 tazas de queso cheddar, rallado

150 ml/¼ pt/2/3 taza de leche

150 ml/¼ pt/2/3 taza de nata para montar

Mezcle mantequilla o margarina con galletas y presione en el fondo de un flaning de 20 cm/8 pulgadas. Enfriar hasta que esté firme.

Espolvorear la gelatina sobre 30ml/2 cucharadas del jugo de piña reservado en un bol y dejar que se esponje. Reserva un poco de la piña para decorar, luego pica el resto y colócalo sobre la base de galleta. Colocar el bol en una cacerola con agua caliente y dejar hasta que se disuelva. Batir las yemas de huevo, el azúcar y 150 ml/¼ pt/2/3 taza del jugo de piña reservado en un recipiente resistente al calor sobre una cacerola con agua hirviendo a fuego lento hasta que la mezcla esté espesa y se desprenda del batidor en cintas. Alejar del calor. Bate la crema simple y doble hasta que espese, agrega el queso y la leche, luego incorpora la mezcla de huevo con la gelatina. Dejar enfriar. Bate las claras de huevo a punto de nieve, luego mézclalas con cuidado en la mezcla. Vierta sobre la piña y refrigere hasta que cuaje.

Bate la crema batida y forma rosetas alrededor de la parte superior del pastel, luego decora con la piña reservada.

Tarta de queso con pasas

8 porciones

Para la base:

100g/4oz/½ taza de mantequilla o margarina

40 g/1½ oz/2 cucharadas de miel clara

50g/2oz/¼ taza azúcar demerara

225 g/8 oz/2 tazas de copos de avena

Para el llenado:

225 g/8 oz/1 taza de requesón

150 ml/¼ pt/2/3 taza de yogur natural

150 ml/¼ pt/2/3 taza de crema agria (ácido láctico)

50 g/2 oz/1/3 taza de pasas

15 g/½ oz/1 cucharada de gelatina en polvo

60 ml/4 cucharadas de agua hirviendo

Derrita la mantequilla o la margarina, luego agregue la miel, el azúcar y la avena.Presione en el fondo de un molde para pastel engrasado de 20 cm/8.

Para hacer el relleno, tamice el requesón en un tazón y mezcle con yogur y crema agria. Incorporar las pasas, espolvorear la gelatina sobre el agua caliente y dejar hasta que se disuelva. Caliente sobre un tazón de agua caliente hasta que esté transparente, luego agregue la mezcla y revuelva suavemente hasta que comience a cuajar. Verter sobre la base preparada y dejar endurecer.

Cheesecake de frambuesa

Haz un pastel de 15 cm/6 pulgadas

75 g/3 oz/1/3 taza de mantequilla o margarina, derretida

175 g/6 oz/1½ tazas de migas de galleta digestiva (galleta graham)

3 huevos, separados

300 ml/½ pt/1¼ tazas de leche

25 g / 1 oz / 2 cucharadas de azúcar en polvo (superfino).

15 g/½ oz/1 cucharada de gelatina

30 ml/2 cucharadas de agua fría

225 g/8 oz/1 taza de queso crema, ligeramente batido

Corteza rallada y jugo de ½ limón

450 g/1 libra de frambuesas

Mezcle mantequilla o margarina y galletas y presione en el fondo de un molde para pastel de 15 cm/6 de fondo suelto. Enfría mientras haces el relleno.

Batir las yemas de huevo, luego verter la leche en una cacerola y calentar a fuego lento, revolviendo constantemente, hasta que la crema espese. Retirar del fuego e incorporar el azúcar, espolvorear la gelatina sobre el agua caliente y dejar hasta que se disuelva. Caliente sobre un tazón de agua caliente hasta que esté transparente, luego agregue el queso crema, la ralladura de limón y el jugo. Batir las claras de huevo a punto de nieve, luego incorporarlas a la mezcla y verterlas sobre la base. Enfriar para poner. Adorne con las frambuesas justo antes de servir.

tarta de queso siciliana

Haz un pastel de 25 cm/10 pulgadas

900 g/2 libras/4 tazas de queso ricotta

100 g/4 oz/2/3 taza de azúcar en polvo (azúcar de repostería).

5 ml/1 cucharadita de piel de naranja rallada

100 g/4 oz/1 taza de chocolate natural (semidulce), rallado

275 g / 10 oz de frutas mixtas picadas

275 g/10 oz de bizcochos de champiñones (cookies) o bizcocho, en rodajas

175 ml/6 fl oz/¾ taza de ron

Batir la ricota con la mitad del azúcar y la ralladura de naranja. Reserve 15 ml/1 cucharada de chocolate y fruta para decorar, luego incorpore el resto a la mezcla. Forre un molde para pasteles de 25 cm/10 con film transparente (película de plástico). Sumerja las galletas saladas o la esponja en el ron para humedecerlos, luego use la mayoría para cubrir el fondo y los lados de la sartén. Extienda la mezcla de queso dentro. Sumerja las galletas restantes en el ron y utilícelas para cubrir la mezcla de queso. Cubra con film transparente (envoltura de plástico) y presione hacia abajo. Enfriar durante 1 hora hasta que esté firme. Estirar con film transparente, espolvorear con el azúcar extrafino restante y decorar con el chocolate y la fruta reservados.

Cheesecake de yogur glaseado

Haz un pastel de 23 cm/9 pulgadas

Para la base:

2 huevos

75 g/3 oz/¼ taza de miel clara

100 g/4 oz/1 taza de harina integral (trigo integral).

10 ml/2 cucharaditas de levadura en polvo

Unas gotas de esencia de vainilla (extracto)

Para el llenado:

25 g/1 oz/2 cucharadas de gelatina en polvo

30 ml/2 cucharadas de azúcar glas (superfino) azúcar

75 ml/5 cucharadas de agua

225 g/8 oz/1 taza de yogur natural

225 g/8 oz/1 taza de queso crema suave

75 g/3 oz/¼ taza de miel clara

250 ml/8 fl oz/1 taza de crema para batir

Para la cobertura:

100 g de frambuesas

45 ml/3 cucharadas de mermelada (reserva)

15 ml/1 cucharada de agua

Para hacer la base, bate los huevos y la miel hasta que quede esponjoso. Mezcle gradualmente la harina, el polvo de hornear y la esencia de vainilla para formar una masa suave. Estirar sobre una superficie ligeramente enharinada y colocar en el fondo de un molde para pastel de fondo suelto de 23 cm/9 engrasado. Hornee en un horno precalentado a 200°C/400°F/gas marca 6 durante 20 minutos. Sacar del horno y dejar enfriar.

Para hacer el relleno, disuelva la gelatina y el azúcar en el agua en un bol pequeño y deje la mezcla en una cacerola con agua tibia hasta que esté transparente. Retire del agua y deje que se enfríe un poco. Batir el yogur, el queso crema y la miel hasta que estén bien combinados. Batir la nata a punto de nieve. Incorporar la nata a la mezcla de yogur, incorporar la gelatina, verter sobre la base y dejar reposar.

Arregle las frambuesas en un patrón bonito en la parte superior. Derrita la mermelada con el agua, luego presione a través de un tamiz (tamiz). Cepille sobre la parte superior de la tarta de queso y enfríe antes de servir.

Tarta de queso con fresas

Haz un pastel de 20 cm/8 pulgadas

100 g/4 oz/1 taza de migas de galleta digestiva (galleta graham)

25 g/1 oz/2 cucharadas de azúcar demerara

50 g/2 oz/¼ taza de mantequilla o margarina, derretida

15 ml/1 cucharada de gelatina en polvo

45 ml/3 cucharadas de agua

350 g/12 oz/1½ tazas de requesón

50 g/2 oz/¼ taza de azúcar en polvo (superfina)

Corteza rallada y jugo de 1 limón

2 huevos, separados

300 ml/½ pt/1¼ tazas de crema simple (ligera)

100 g/4 oz de fresas, en rodajas

120 ml/4 fl oz/½ taza de crema doble (espesa), batida

Mezcle las galletas, el azúcar demerara y la mantequilla o la margarina y presione en el fondo de un molde para flan de fondo suelto de 20 cm/8 pulgadas. Enfriar hasta que esté firme.

Espolvorear la gelatina sobre el agua y dejar hasta que quede esponjosa. Coloca el bol en una cacerola con agua caliente y déjalo hasta que esté transparente. Mezcle el queso, el azúcar extrafino, la ralladura y el jugo de limón, las yemas de huevo y la nata líquida. Batir la gelatina, batir las claras de huevo hasta que estén firmes, luego incorporarlas a la mezcla de queso. Viértela sobre la base y refrigera hasta que cuaje.

Coloque las fresas sobre la parte superior del pastel de queso y vierta la crema alrededor del borde para decorar.

Cheesecake de Sultana y Brandy

Haz un pastel de 20 cm/8 pulgadas

100 g/4 oz/2/3 taza de sultanas (pasas doradas)

45ml/3 cucharadas de brandy

100 g/4 oz/½ taza de mantequilla o margarina, blanda

100 g/4 oz/½ taza de azúcar morena suave

75 g/3 oz/¾ taza de harina para todo uso

75 g/3 oz/¾ taza de almendras molidas

2 huevos, separados

225 g/8 oz/1 taza de queso crema

100 g/4 oz/½ taza de cuajada (requesón suave).

Unas gotas de esencia de vainilla (extracto)

150 ml/¼ pt/2/3 taza de crema doble (pesada)

Ponga las sultanas en un tazón de brandy y déjelas reposar hasta que estén gordas. Batir la mantequilla o la margarina y 50 g/2 oz/¼ de taza de azúcar hasta que quede pálido y esponjoso. Mezcle la harina y las almendras molidas y mezcle hasta formar una masa. Presione en un molde para pastel de 20 cm / 8 pulgadas engrasado y hornee en un horno precalentado a 180 ° C / 350 ° F / marca de gas 4 durante 12 minutos hasta que se dore. Dejar enfriar.

Batir las yemas de huevo con la mitad del azúcar restante. Batir los quesos, la esencia de vainilla, las sultanas y el brandy Batir la crema hasta que esté firme, luego incorporar a la mezcla. Batir las claras de huevo a punto de nieve, luego agregar el azúcar restante y volver a batir hasta que estén firmes y brillantes. Incorpore la mezcla de queso. Vierta la base cocida por encima y refrigere por varias horas hasta que cuaje.

Tarta de queso al horno

Haz un pastel de 20 cm/8 pulgadas

50 g/2 oz/¼ taza de mantequilla o margarina, derretida

225 g/8 oz/2 tazas de migas de galleta graham digestiva

225 g/8 oz/1 taza de requesón

100 g/4 oz/½ taza de azúcar en polvo (superfina)

3 huevos, separados

25 g/1 oz/¼ taza de harina de maíz (fécula de maíz)

2,5 ml/½ cucharadita de esencia de vainilla (extracto)

400 ml/14 fl oz/1¾ tazas de crema agria (ácido láctico)

Mezcle la mantequilla o margarina y las migas de galleta y presione en el fondo de un flan engrasado de 20 cm/8 de fondo suelto (bandeja). Mezcle todos los ingredientes restantes excepto las claras de huevo. Batir las claras de huevo a punto de nieve, luego incorporarlas a la mezcla y verter sobre la base de galleta. Hornee en un horno precalentado a 150°C/300°F/gas marca 3 durante 1½ horas. Apaga el horno y abre ligeramente la puerta. Deja la tarta de queso en el horno hasta que se enfríe.

Barras de tarta de queso al horno

hacer 16

75 g/3 oz/1/3 taza de mantequilla o margarina

100 g/4 oz/1 taza de harina para todo uso

75 g/3 oz/1/3 taza de azúcar morena suave

50 g/2 oz/½ taza de nueces picadas

225 g/8 oz/1 taza de queso crema

50 g/2 oz/¼ taza de azúcar en polvo (superfina)

1 huevo

30 ml/2 cucharadas de leche

5 ml/1 cucharadita de jugo de limón

2,5 ml/½ cucharadita de esencia de vainilla (extracto)

Frote la mantequilla o la margarina en la harina hasta que la mezcla parezca pan rallado. Agregue el azúcar moreno y las nueces. Presione todo menos 100 g/1 taza de la mezcla en un molde para pastel engrasado de 20 cm/8 (bandeja). Hornee en un horno precalentado a 180 °C/350 °F/marca de gas 4 durante 15 minutos hasta que se dore ligeramente.

Batir el queso crema y el azúcar en polvo hasta que quede suave. Batir los huevos, la leche, el jugo de limón y la esencia de vainilla, esparcir la mezcla sobre el pastel en el molde y espolvorear con la mantequilla reservada y la mezcla de nueces. Hornee por otros 30 minutos hasta que esté listo y ligeramente dorado en la parte superior. Dejar enfriar, luego refrigerar y servir frío.

Pastel de queso americano

Haz un pastel de 23 cm/9 pulgadas

175 g/6 oz/1½ tazas de migas de galleta digestiva (galleta graham)

15 ml/1 cucharada de azúcar de caña (super fina).

50 g/2 oz/¼ taza de mantequilla o margarina, derretida

Para el llenado:

450 g/1 libra/2 tazas de queso crema

450 g/1 libra/2 tazas de requesón

250 g/9 oz/1 taza generosa de azúcar en polvo (superfina)

10 ml/2 cucharaditas de esencia de vainilla (extracto)

5 huevos, separados

400 ml/14 fl oz/1 lata grande de leche evaporada

120 ml/4 fl oz/½ taza de crema doble (pesada)

30 ml/2 cucharadas de harina normal (para todo uso)

Una pizca de sal

15 ml/1 cucharada de jugo de limón

Mezcle las galletas y el azúcar en la mantequilla derretida y presione en el fondo de un molde para pastel de fondo suelto de 23 cm/9 pulgadas.

Para hacer el relleno, mezcle los quesos, luego agregue el azúcar y la esencia de vainilla, mezcle las yemas de huevo, luego la leche evaporada, la crema, la harina, la sal y el jugo de limón. Bate las claras de huevo a punto de nieve, luego mézclalas con cuidado en la mezcla. Vierta en el molde para pastel y hornee en un horno precalentado a 180°C/350°F/nivel de gas 4 durante 45 minutos. Deje que se enfríe lentamente, luego enfríe antes de servir.

Cheesecake holandés de manzana al horno

Haz un pastel de 20 cm/8 pulgadas

100g/4oz/½ taza de mantequilla o margarina

175 g/6 oz/1½ tazas de migas de galleta digestiva (galleta graham)

2 manzanas para comer (de postre), peladas, sin corazón y en rodajas

100 g/4 oz/2/3 taza de sultanas (pasas doradas)

225 g/8 oz/2 tazas de queso Gouda, rallado

25 g/1 oz/¼ taza de harina para todo uso

75 ml/5 cucharadas de crema única (ligera)

2,5 ml/½ cucharadita de especias mezcladas molidas (pastel de manzana)

Corteza rallada y jugo de 1 limón

3 huevos, separados

100 g/4 oz/¾ taza de azúcar en polvo (superfina).

2 manzanas de piel roja, sin corazón y rebanadas

30 ml/2 cucharadas de mermelada de albaricoque (conserva), tamizada (tamizada)

Derrita la mitad de la mantequilla o margarina y agregue las migas de galleta.Presione la mezcla en el fondo de un molde para pastel de 20 cm/8 de fondo suelto (lata). Derrita la mantequilla restante y fría (saltee) las manzanas para comer hasta que estén blandas y doradas. Retire el exceso de grasa, deje enfriar un poco, luego extienda la base de galleta y espolvoree con sultanas.

Mezcle el queso, la harina, la crema, las especias mezcladas y el jugo de limón y la ralladura. Mezcle las yemas de huevo y el azúcar y revuélvalos en la mezcla de queso hasta que estén bien combinados. Bate las claras de huevo hasta que estén firmes, luego incorpóralas a la mezcla. Voltee en el molde preparado y hornee en un horno precalentado a 180°C/350°F/nivel de gas 4 durante 40 minutos hasta que esté firme en el centro. Deja que se enfríe en el molde.

Coloca las rebanadas de manzana en círculos alrededor de la parte superior del pastel. Caliente la mermelada y úntela sobre las manzanas para glasear.

Cheesecake de albaricoques y avellanas al horno

Haz un pastel de 18 cm/7 pulgadas

75 g/3 oz/1/3 taza de mantequilla o margarina

100 g/4 oz/1 taza de harina para todo uso

100 g/4 oz/½ taza de azúcar en polvo (superfina)

25 g/1 oz/¼ taza de avellanas molidas

30 ml/2 cucharadas de agua fría

100 g/4 oz/2/3 taza de albaricoques secos listos para comer, picados

Corteza rallada y jugo de 1 limón

100 g/4 oz/½ taza de cuajada (requesón suave).

100 g/4 oz/½ taza de queso crema

25 g/1 oz/¼ taza de harina de maíz (fécula de maíz)

2 huevos, separados

15 ml/1 cucharada de azúcar glas (glaseado) azúcar

Frote la mantequilla o la margarina en la harina hasta que la mezcla parezca pan rallado. Agregue la mitad del azúcar y las avellanas, luego agregue suficiente agua para hacer una masa firme (pasta). Estirar y usar para forrar un anillo de flan engrasado de 18 cm/7 pulgadas sin apretar. Distribuir los albaricoques sobre la base. Haga puré la ralladura y el jugo de limón y los quesos en un procesador de alimentos o licuadora. Mezcle el azúcar restante, la harina de maíz y las yemas de huevo hasta que quede suave y cremoso. Bate las claras de huevo a punto de nieve, luego incorpóralas a la mezcla y extiéndela sobre el flan. Hornear en horno precalentado a 180°C/350°F/gas 4 durante 30 minutos hasta que suba y se dore. Deje que se enfríe un poco, luego tamice el azúcar en polvo por encima y sirva tibio o frío.

Tarta de queso al horno con naranja y albaricoque

8 porciones

Para pastelería (pasta):

75 g/3 oz/1/3 taza de mantequilla o margarina

175 g/6 oz/1½ tazas de harina normal (para todo uso)

Una pizca de sal

30 ml/2 cucharadas de agua

Para el llenado:

225 g/8 oz/1 taza de requesón (cottage suave)

75 ml/5 cucharadas de leche

2 huevos, separados

30 ml/2 cucharadas de miel clara

3 gotas de esencia de naranja (extracto)

cáscara rallada de 1 naranja

25 g/1 oz/¼ taza de harina para todo uso

75 g/3 oz/½ taza de mitades de albaricoque, picadas

Frote la mantequilla o la margarina en la harina y la sal hasta que la mezcla parezca pan rallado. Agregue gradualmente suficiente agua para hacer una masa suave. Estirar sobre una superficie ligeramente enharinada y forrar un aro de flan engrasado de 20 cm/8 in. Cubra con papel vegetal (encerado) y frijoles para hornear y hornee a ciegas en un horno precalentado a 200 °C/400 °F/nivel de gas 6 durante 10 minutos, luego retire el papel y los frijoles, reduzca la temperatura del horno a 190 °C/375 °F/nivel de gas 5 y hornee el molde (carcasa de tarta) durante 5 minutos más.

Mientras tanto, mezcle el queso, la leche, las yemas de huevo, la miel, la ralladura de naranja, la cáscara de naranja y la harina hasta que quede suave. Bate las claras de huevo hasta que formen picos suaves, luego incorpóralas a la mezcla. Verterlo en la caja y espolvorear los albaricoques encima. Hornee en el horno precalentado durante 20 minutos hasta que esté firme.

Tarta de queso al horno con albaricoque y ricota

Haz un pastel de 23 cm/9 pulgadas

100g/4oz/½ taza de mantequilla o margarina

225 g/8 oz/2 tazas de migas de galleta graham digestiva

75 g/3 oz/1/3 taza de azúcar en polvo (superfina)

5 ml/1 cucharadita de canela molida

900 g/2 libras/4 tazas de queso ricotta

30 ml/2 cucharadas de harina normal (para todo uso)

2,5 ml/½ cucharadita de esencia de vainilla (extracto)

cáscara rallada de 1 limón

3 yemas de huevo

350 g/12 oz de albaricoques, sin hueso (sin hueso) y partidos por la mitad

50 g/2 oz/½ taza de almendras en hojuelas

Derrita la mantequilla, luego agregue las galletas, 30 ml/2 cucharadas de azúcar y canela.Presione la mezcla en un molde para pastel (molde) de fondo suelto engrasado de 23 cm/9 pulgadas. Bate el queso ricotta con el azúcar restante, la harina, la esencia de vainilla y la ralladura de limón por 2 minutos. Batir gradualmente las yemas de huevo hasta que la mezcla esté suave. Verter la mitad del relleno sobre la base de galleta. Extienda los albaricoques sobre el relleno, espolvoree con las almendras y luego vierta el resto del relleno por encima. Hornee en un horno precalentado a 180°C/350°F/gas marca 4 durante 15 minutos hasta que esté firme al tacto. Deje enfriar, luego refrigere.

Tarta de queso Boston

Haz un pastel de 23 cm/9 pulgadas

225 g/8 oz/2 tazas de migas de galleta simple

50 g/2 oz/¼ taza de azúcar en polvo (superfina)

2,5 ml/½ cucharadita de canela molida

Una pizca de nuez moscada rallada

75 g/3 oz/1/3 taza de mantequilla o margarina, derretida

Para el llenado:

4 huevos, separados

225 g/8 oz/1 taza de azúcar en polvo (superfina)

250 ml/8 fl oz/1 taza de crema agria (ácido láctico)

5 ml/1 cucharadita esencia de vainilla (extracto)

30 ml/2 cucharadas de harina normal (para todo uso)

Una pizca de sal

450 g/1 libra/2 tazas de queso crema

Mezcle las galletas, el azúcar, la canela y la nuez moscada en la mantequilla derretida, luego presione en el fondo y los lados de una lata de flan de fondo suelto de 23 cm (9 pulgadas). Batir las yemas de huevo espesas y cremosas. Bate las claras de huevo hasta que estén firmes, incorpora 50 g/2 oz/¼ de taza de azúcar y continúa batiendo hasta que estén firmes y brillantes. Mezclar la crème fraîche y la esencia de vainilla en las yemas de huevo, luego agregar el resto del azúcar, la harina y la sal. Revolver suavemente el queso, luego incorporar las claras de huevo. Verter en la base y hornear en horno precalentado a 160 °C. /325°F/gas marca 3 durante 1 hora, hasta que esté firme al tacto. Deje enfriar, luego enfríe antes de servir.

Pastel de queso caribeño al horno

Haz un pastel de 23 cm/9 pulgadas

Para la base:

100 g/4 oz/1 taza de harina para todo uso

25 g/1 oz/¼ taza de almendras molidas

25 g/1 oz/2 cucharadas de azúcar morena blanda

50 g/2 oz/¼ taza de mantequilla o margarina, derretida y enfriada

1 huevo

15 ml/1 cucharada de leche

Para el llenado:

75 g/3 oz/½ taza de pasas

15–30 ml/1–2 cucharadas de ron (al gusto)

225 g/8 oz/1 taza de requesón (cottage suave)

50 g/2 oz/¼ taza de mantequilla o margarina

25 g/1 oz/¼ taza de almendras molidas

50 g/2 oz/¼ taza de azúcar en polvo (superfina)

2 huevos

Para hacer la base, mezcle la harina, las almendras y el azúcar moreno. Trabaje con mantequilla o margarina, huevo y leche y mezcle hasta obtener una masa suave. Extienda y forme la base de un molde para pastel de 23 cm/9 engrasado, pinche todo con un tenedor y hornee en un horno precalentado a 190 °C/375 °F/nivel de gas 5 durante 10 minutos, hasta que esté ligeramente dorado.

Para hacer el relleno, remoje las pasas en el ron hasta que se llenen. Mezcle el queso, la mantequilla, las almendras molidas y el azúcar glas. Mezcle los huevos, luego agregue las pasas y el ron al gusto. Vierta sobre la base y hornee en el horno precalentado durante 10 minutos hasta que esté dorado e igual de firme al tacto.

Tarta de queso con chocolate al horno

Haz un pastel de 23 cm/9 pulgadas

Para la base:

100 g/4 oz/1 taza de migas de galleta de jengibre

15 ml/1 cucharada de azúcar

50 g/2 oz/¼ taza de mantequilla, derretida

Para el llenado:

175 g/6 oz/1½ tazas de chocolate natural (semidulce)

225 g/8 oz/1 taza de azúcar en polvo (superfina)

30 ml/2 cucharadas de cacao (chocolate sin azúcar) en polvo

450 g/1 libra/2 tazas de queso crema

120 ml/4 fl oz/½ taza de crema agria (ácido láctico)

5 ml/1 cucharadita esencia de vainilla (extracto)

4 huevos, ligeramente batidos

Para hacer la base, mezcle las galletas y el azúcar en la mantequilla derretida y presione en el fondo de un molde para pastel (molde) de fondo suelto engrasado de 23 cm/9 pulgadas. Para hacer el relleno, derretir el chocolate con la mitad del azúcar y el cacao en un recipiente resistente al calor sobre una cacerola con agua a fuego lento. Retíralo del fuego y deja que se enfríe un poco. Batir ligeramente el queso, incorporar poco a poco el azúcar restante, la nata fresca y la esencia de vainilla, incorporar poco a poco los huevos, incorporar la mezcla de chocolate y verter sobre la base preparada. Hornee en un horno precalentado a 180°C/350°F/gas marca 4 durante 40 minutos hasta que esté firme al tacto.

Cheesecake de chocolate y nueces

Haz un pastel de 23 cm/9 pulgadas

Para la base:

100 g/4 oz/1 taza de migas de galleta digestiva (galleta graham)

100 g/4 oz/½ taza de azúcar en polvo (superfina)

50 g/2 oz/¼ taza de mantequilla, derretida

Para el llenado:

175 g/6 oz/1½ tazas de chocolate natural (semidulce)

50 g/2 oz/¼ taza de azúcar en polvo (superfina)

30 ml/2 cucharadas de cacao (chocolate sin azúcar) en polvo

450 g/1 libra/2 tazas de queso crema

25 g/1 oz/¼ taza de almendras molidas

120 ml/4 fl oz/½ taza de crema agria (ácido láctico)

5 ml/1 cucharadita de esencia de almendras (extracto)

4 huevos, ligeramente batidos

Para hacer la base, mezcle las migas de galleta y 100 g/4 oz/½ taza de azúcar en la mantequilla derretida y presione en la base de un molde para pastel de fondo suelto engrasado de 23 cm/9 pulgadas. Para hacer el relleno, derrita el chocolate con el azúcar y el cacao en un recipiente resistente al calor sobre una cacerola con agua a fuego lento. Retíralo del fuego y deja que se enfríe un poco. Batir ligeramente el queso, incorporar poco a poco el azúcar restante, la almendra molida, la crème fraîche y la esencia de almendra, incorporar poco a poco los huevos, incorporar la mezcla de chocolate y verter sobre la base preparada. Hornee en un horno precalentado a 180°C/350°F/gas marca 4 durante 40 minutos hasta que esté firme al tacto.

tarta de queso alemana

Haz un pastel de 23 cm/9 pulgadas

a la base

25 g/1 oz/2 cucharadas de mantequilla o margarina

225 g/8 oz/2 tazas de harina para todo uso

2,5 ml/½ cucharadita de levadura en polvo

50 g/2 oz/¼ taza de azúcar en polvo (superfina)

1 yema de huevo

15 ml/1 cucharada de leche

Para el llenado:

900 g/2 libras/4 tazas de requesón

225 g/8 oz/1 taza de azúcar en polvo (superfina)

50 g/2 oz/¼ taza de mantequilla o margarina, derretida

250 ml/8 fl oz/1 taza de crema doble (pesada)

5 ml/1 cucharadita esencia de vainilla (extracto)

4 huevos, ligeramente batidos

175 g/6 oz/1 taza de sultanas (pasas doradas)

15 ml/1 cucharada de harina de maíz (fécula de maíz)

Una pizca de sal

Para hacer la base, frotar la mantequilla o la margarina con la harina y el polvo de hornear, luego agregar el azúcar y hacer un hueco en el centro. Mezcle la yema de huevo y la leche y mezcle hasta formar una masa bastante suave. Presione en el fondo de un molde para pastel cuadrado de 23 cm/9 pulgadas.

Para hacer el relleno, drene el exceso de líquido del requesón, luego agregue el azúcar, la mantequilla derretida, la crema y la esencia de vainilla, agregue los huevos, mezcle las sultanas en la harina de maíz y la sal hasta que estén cubiertas, luego revuelva en la mezcla. Vierta sobre la base y hornee en un horno precalentado a 230°C/450°F/gas marca 8 durante 10 minutos. Reduzca la temperatura del horno a 190 °C/375 °F/nivel de gas 5 y hornee durante 1 hora más hasta que esté firme al tacto. Deje enfriar en la lata, luego refrigere.

Tarta de queso con licor de crema irlandesa

Haz un pastel de 23 cm/9 pulgadas

Para la base:

225 g/8 oz/2 tazas de migas de galleta graham digestiva

50 g/2 oz/½ taza de almendras molidas

100 g/4 oz/½ taza de azúcar en polvo (superfina)

100 g/4 oz/½ taza de mantequilla o margarina, derretida

Para el llenado:

900 g/2 libras/4 tazas de queso crema

225 g/8 oz/1 taza de azúcar en polvo (superfina)

5 ml/1 cucharadita esencia de vainilla (extracto)

175 ml/6 fl oz/¾ taza de licor de crema irlandesa

3 huevos

Para la cobertura:

250 ml/8 fl oz/1 taza de crema agria (ácido láctico)

60 ml/4 cucharadas de licor de crema irlandesa

50 g/2 oz/¼ taza de azúcar en polvo (superfina)

Para hacer la base, mezcle las galletas, las almendras y el azúcar con la mantequilla o margarina derretida y presione en la base y los lados de un molde desmontable de 23 cm/9. Enfriar.

Para hacer el relleno, bata el queso crema y el azúcar hasta que quede suave. Incorporar la esencia de vainilla y el licor, incorporar poco a poco los huevos, verter en la base y hornear en horno precalentado a 180°C/350°F/nivel 4 de gas durante 40 minutos.

Para hacer la cobertura, batir la nata, el licor y el azúcar hasta que espese. Vierta sobre la tarta de queso y distribuya uniformemente.

Regrese la tarta de queso al horno por otros 5 minutos. Deje enfriar, luego enfríe antes de servir.

Cheesecake americano de limón y nueces

Haz un pastel de 20 cm/8 pulgadas

Para la base:

225 g/8 oz/2 tazas de migas de galleta graham digestiva

25 g / 1 oz / 2 cucharadas de azúcar en polvo (superfino).

5 ml/1 cucharadita de canela molida

50 g/2 oz/¼ taza de mantequilla o margarina, derretida

Para el llenado:

2 huevos, separados

100 g/4 oz/½ taza de azúcar en polvo

350 g/12 oz/1½ tazas de queso blando con toda la grasa

Corteza rallada y jugo de 1 limón

150 ml/¼ pt/2/3 taza de crema doble (pesada)

25 g/1 oz/¼ taza de nueces mixtas picadas

Para hacer la base, revuelva las migas, el azúcar y la canela en la mantequilla o margarina. Presiona sobre el fondo y los lados de un molde para flan suelto de 20 cm/8 pulgadas. Enfriar.

Para hacer el relleno, bata las yemas de huevo y el azúcar hasta que espese. Agrega el queso, la ralladura de limón y el jugo, bate la crema hasta que esté firme y luego incorpórala a la mezcla. Bate las claras de huevo hasta que estén firmes, luego incorpóralas a la mezcla. Vierta en la base y hornee en un horno precalentado a 160 °C/325 °F/nivel de gas 3 durante 45 minutos. Espolvorear con las nueces y volver al horno durante 20 minutos más. Apague el horno y deje que la tarta de queso en el horno se enfríe, luego refrigere antes de servir.

Tarta de queso naranja

Haz un pastel de 23 cm/9 pulgadas

Para la base:

100 g/4 oz/1 taza de galletas wafer trituradas (galletas)

2,5 ml/½ cucharadita de canela molida

15 ml/1 cucharada de clara de huevo

Para el llenado:

450 g/1 libra/2 tazas de requesón

225 g/8 oz/1 taza de queso crema

75 g/3 oz/1/3 taza de azúcar en polvo (superfina)

15 ml/1 cucharada de harina normal (para todo uso)

30 ml/2 cucharadas de jugo de naranja

10 ml/2 cucharaditas de piel de naranja rallada

5 ml/1 cucharadita esencia de vainilla (extracto)

1 naranja grande, cortada en trozos y sin membranas

100 g/4 oz de fresas, en rodajas

Para hacer la base, mezcle los waffles crujientes y la canela. Bate las claras de huevo hasta que estén espumosas, luego mézclalas con las migas. Presione la mezcla en el fondo de un flan de 23 cm/9 de fondo suelto (bandeja). Hornee en un horno precalentado a 180°C/350°F/gas marca 4 durante 10 minutos. Sacar del horno y dejar enfriar. Reduzca la temperatura del horno a 150°C/300°F/gas marca 2.

Para hacer el relleno, mezcle los quesos, el azúcar, la harina, el jugo de naranja y la ralladura y la esencia de vainilla hasta que quede suave. Verter sobre la base y hornear en el horno precalentado durante 35 minutos hasta que cuaje. Deje enfriar, luego refrigere hasta que cuaje. Decorar con naranjas y fresas.

Torta de queso ricotta

Haz un pastel de 23 cm/9 pulgadas

Para la base:

25 g / 1 oz / 2 cucharadas de azúcar en polvo (superfino).

5 ml/1 cucharadita de cáscara de limón rallada

100 g/4 oz/1 taza de harina para todo uso

Unas gotas de esencia de vainilla (extracto)

1 yema de huevo

25 g/1 oz/2 cucharadas de mantequilla o margarina

Para la cobertura:

750 g/1½ lb/3 tazas de queso Ricotta

225 g/8 oz/1 taza de azúcar en polvo (superfina)

120 ml/4 fl oz/½ taza de crema doble (pesada)

45 ml/3 cucharadas de harina normal (para todo uso)

5 ml/1 cucharadita esencia de vainilla (extracto)

5 huevos, separados

150 g/5 oz de frambuesas o fresas

Para hacer la base, mezcle el azúcar, la ralladura de limón y la harina, luego agregue la esencia de vainilla, la yema de huevo y la mantequilla o margarina. Continuar batiendo hasta que la mezcla forme una masa. Presione la mitad de la masa en un molde desmontable de 23 cm/9 engrasado y hornee en un horno precalentado a 200 °C/400 °F/nivel de gas 6 durante 8 minutos. Reduzca la temperatura del horno a 180 °C/350 °F/marca de gas 4. Deje que se enfríe, luego presione la mezcla restante alrededor del molde.

Para hacer el topping, bate el queso Ricotta hasta que esté cremoso. Incorporar el azúcar, la nata, la harina, la esencia de vainilla y las yemas, batir las claras a punto de nieve e incorporarlas a la mezcla. Verter en la corteza y hornear en el horno precalentado durante 1 hora. Deje enfriar en la lata, luego enfríe antes de colocar la fruta encima para servir.

Tarta de queso con capa de crema agria y queso al horno

Haz un pastel de 23 cm/9 pulgadas

50 g/2 oz/¼ taza de mantequilla o margarina, blanda

50 g/2 oz/¼ taza de azúcar en polvo (superfina)

1 huevo

350 g/12 oz/3 tazas de harina para todo uso

Para el llenado:

675 g/1½ lb/3 tazas de queso crema

15 ml/1 cucharada de jugo de limón

5 ml/1 cucharadita de cáscara de limón rallada

175 g/6 oz/¾ taza de azúcar en polvo (super fina).

3 huevos

250 ml/8 fl oz/1 taza de crema agria (ácido láctico)

5 ml/1 cucharadita esencia de vainilla (extracto)

Para hacer la base, bata la mantequilla o margarina y el azúcar hasta que quede suave y esponjosa. Agregue gradualmente el huevo, luego doble la harina para hacer una masa (pasta). Estirar y usar para forrar un molde para pastel de 23 cm/9 engrasado (bandeja) y hornear en un horno precalentado a 220 °C/425 °F/nivel de gas 7 durante 5 minutos.

Para hacer el relleno, se mezclan el queso crema, el jugo de limón y la ralladura. Reserve 30ml/2 cucharadas de azúcar, luego mezcle el resto con el queso. Poco a poco agregue los huevos, luego vierta la mezcla sobre la base. Hornee en el horno precalentado durante 10 minutos, luego reduzca la temperatura del horno a 150 °C/300 °F/nivel de gas 2 y hornee durante otros 30 minutos. Mezcle la crema agria, el azúcar reservado y la esencia de vainilla. Vierta

sobre el pastel y póngalo de nuevo en el horno y hornee por otros
10 minutos. Deje enfriar, luego enfríe antes de servir.

Tarta de queso ligeramente horneada con sultanas

Haz un pastel de 18 cm/7 pulgadas

75 g/3 oz/1/3 taza de mantequilla o margarina, derretida

100 g/4 oz/1 taza de copos de avena

50 g/2 oz/1/3 taza de sultanas (pasas doradas)

Para el llenado:

50 g/2 oz/¼ taza de mantequilla o margarina, blanda

250g/9oz/1 taza generosa de quark

2 huevos

25 g/1 oz/3 cucharadas sultanas (pasas doradas)

25 g/1 oz/¼ taza de almendras molidas

Zumo y piel rallada de 1 limón

45 ml/3 cucharadas de yogur natural

Mezcle la mantequilla o la margarina, la avena y las sultanas.
Presione en el fondo de un molde para pasteles de 18 cm/7
engrasado y hornee en un horno precalentado a 180 °C/350
°F/nivel de gas 4 durante 10 minutos. Batir los ingredientes para
el relleno y verter sobre la base. Hornee por otros 45 minutos.
Deja que se enfríe en el molde antes de sacarlo.

Tarta de queso de vainilla ligeramente horneada

Haz un pastel de 23 cm/9 pulgadas

175 g/6 oz/1½ tazas de migas de galleta digestiva (galleta graham)

225 g/8 oz/1 taza de azúcar en polvo (superfina)

5 claras de huevo

50 g/2 oz/¼ taza de mantequilla o margarina, derretida

225 g/8 oz/1 taza de queso crema

225 g/8 oz/1 taza de requesón

120 ml/4 fl oz/½ taza de leche

30 ml/2 cucharadas de harina normal (para todo uso)

5 ml/1 cucharadita esencia de vainilla (extracto)

Una pizca de sal

Mezcle las migas de galleta y 50 g/2 oz/¼ de taza de azúcar. Bate ligeramente una clara de huevo y revuélvela en la mantequilla o margarina, luego mézclala con la mezcla de migas de galleta. Presione en el fondo y los lados de una lata de flan de fondo suelto de 23 cm (9 pulgadas) y deje que se endurezca.

Para hacer el relleno, bata el queso crema y el requesón, luego agregue el azúcar restante, la leche, la harina, la esencia de vainilla y la sal.Bate las claras de huevo restantes a punto de nieve, luego incorpóralas a la mezcla. Vierta en la base y hornee en un horno precalentado a 180°C/350°F/nivel de gas 4 durante 1 hora hasta que cuaje en el centro. Dejar enfriar en el molde durante 30 minutos antes de desmoldar sobre una rejilla para que termine de enfriarse. Enfriar hasta que esté listo para servir.

Cheesecake de chocolate blanco al horno

Haz un pastel de 18 cm/7 pulgadas

225 g/8 oz/2 tazas de migas de galleta graham digestiva de chocolate natural (semidulce)

50 g/2 oz/¼ taza de mantequilla o margarina, derretida

300g/11oz/2¾ tazas de chocolate blanco

400 g/14 oz/1¾ tazas de queso crema

150 ml/¼ pt/2/3 taza de crema agria (ácido láctico)

2 huevos, ligeramente batidos

5 ml/1 cucharadita esencia de vainilla (extracto)

Revuelva las migas de galleta en la mantequilla o margarina y presiónelas en el fondo de un molde para pastel de fondo suelto de 18 cm/7 pulgadas. Derrita el chocolate blanco en un recipiente resistente al calor sobre una olla con agua ligeramente hirviendo. Retirar del fuego e incorporar el queso crema, la nata, los huevos y la esencia de vainilla, extender la mezcla sobre la base y nivelar por encima. Hornee en un horno precalentado a 160°C/325°F/gas marca 3 durante 1 hora hasta que esté firme al tacto. Deja que se enfríe en el molde.

Cheesecake de chocolate blanco y avellanas

Haz un pastel de 23 cm/9 pulgadas

Galletas de oblea de chocolate de 225 g / 8 oz (galletas)

100 g/4 oz/1 taza de avellanas molidas

30 ml/2 cucharadas de azúcar moreno suave

5 ml/1 cucharadita de canela molida

225 g/8 oz/1 taza de mantequilla o margarina

450 g/1 libra/4 tazas de chocolate blanco

900 g/2 libras/4 tazas de queso crema

4 huevos

1 yema de huevo

5 ml/1 cucharadita esencia de vainilla (extracto)

Moler o machacar las obleas y mezclar con la mitad de las avellanas, el azúcar y la canela. Reserve 45 ml/3 cucharadas de la mezcla para la cobertura. Derrita 90 ml/6 cucharadas de mantequilla o margarina y mezcle con la mezcla restante para waffles. Presione en el fondo y los lados de una lata de flan de fondo suelto engrasada de 23 cm/9 pulgadas y enfríe mientras prepara el relleno.

Derrita el chocolate en un recipiente resistente al calor sobre una cacerola con agua ligeramente hirviendo. Retíralo del fuego y deja que se enfríe un poco. Batir el queso ligeramente y esponjoso. Poco a poco agregue el huevo y la yema, luego agregue la mantequilla restante y el chocolate derretido, agregue la esencia de vainilla y las avellanas restantes y bata hasta que quede suave. Vierta el relleno en la base de migas. Hornee en un horno precalentado a 150°C/300°F/nivel de gas 2 durante 1¼ horas. Espolvorea la parte superior con la mezcla reservada de galletas wafer y nueces y regresa al horno por otros 15 minutos. Deje enfriar, luego enfríe antes de servir.

Cheesecake de chocolate blanco y barquillo

Haz un pastel de 23 cm/9 pulgadas

Galletas de oblea de chocolate de 225 g / 8 oz (galletas)

30 ml/2 cucharadas de azúcar glas (superfino) azúcar

5 ml/1 cucharadita de canela molida

225 g/8 oz/1 taza de mantequilla o margarina

450 g/1 libra/4 tazas de chocolate blanco

900 g/2 libras/4 tazas de queso crema

4 huevos

1 yema de huevo

5 ml/1 cucharadita esencia de vainilla (extracto)

Muele o tritura los waffles y mézclalos con el azúcar y la canela. Reserve 45 ml/3 cucharadas de la mezcla para cubrir. Derrita 90 ml/6 cucharadas de mantequilla o margarina y mezcle con la mezcla restante para waffles. Presione en el fondo y los lados de una lata de flan suelta engrasada de 23 cm/9 pulgadas y enfríe.

Para hacer el relleno, derrita el chocolate en un recipiente resistente al calor sobre una cacerola con agua ligeramente hirviendo. Retíralo del fuego y deja que se enfríe un poco. Batir el queso ligeramente y esponjoso. Agregue gradualmente el huevo y la yema, luego agregue la mantequilla restante y el chocolate derretido, agregue la esencia de vainilla y bata hasta que quede suave. Vierta el relleno en la base de migas. Hornee en un horno precalentado a 150°C/300°F/nivel de gas 2 durante 1¼ horas. Espolvorea la parte superior con la mezcla de galleta wafer

reservada y regresa al horno por otros 15 minutos. Deje enfriar,
luego enfríe antes de servir.

danés

La masa básica para tartas es la masa más versátil (pasta) y se
puede utilizar para todo tipo de aplicaciones, principalmente
tartas y tartas. Por lo general, se hornea a 200 °C/400 °F/marca de
gas 6.

Rinde 350g/12oz

225 g/8 oz/2 tazas de harina para todo uso

2,5 ml/½ cucharadita de sal

50 g/2 oz/¼ taza de manteca (manteca vegetal)

50g/2oz/½ taza de mantequilla o margarina

30–45 ml/2–3 cucharadas de agua fría

Mezcle la harina y la sal en un tazón, luego frote la manteca de
cerdo y la mantequilla o margarina hasta que la mezcla parezca
pan rallado. Rocíe el agua uniformemente sobre la mezcla, luego
mézclela con un cuchillo de hoja redonda hasta que la masa
comience a formar grumos grandes. Presione suavemente con los
dedos hasta que la masa forme una bola. Estirar sobre una
superficie ligeramente enharinada hasta que quede suave pero no
demasiado. Envuelva en film transparente (envoltura de plástico)
y enfríe durante 30 minutos antes de usar.

Pan dulce con aceite

Similar a la masa básica para pastel, esta se desmorona más y debe usarse tan pronto como esté hecha. Por lo general, se hornea a 200 °C/400 °F/marca de gas 6.

Rinde 350g/12oz

75 ml/5 cucharadas de aceite

65 ml/2½ fl oz/4½ cucharadas de agua fría

225 g/8 oz/2 tazas de harina para todo uso

Una pizca de sal

Batir el aceite y el agua en un tazón hasta que se mezclen. Agregue poco a poco la harina y la sal, mezcle con un cuchillo redondo hasta que se forme una masa. Voltee sobre una superficie ligeramente enharinada y amase suavemente hasta que quede suave. Envuelva en film transparente (envoltura de plástico) y enfríe durante 30 minutos antes de usar.

Rica masa quebrada

Esto se usa para tartas dulces y flanes, ya que es más rica que la masa de tarta básica. Por lo general, se hornea a 200 °C/400 °F/marca de gas 6.

Rinde 350g/12oz

150 g/5 oz/1¼ tazas de harina para todo uso

Una pizca de sal

75 g/3 oz/1/3 taza de mantequilla o margarina sin sal (dulce)

1 yema de huevo

10 ml/2 cucharaditas de azúcar de caña (super fina).

45–60 ml/3–4 cucharadas de agua fría

Mezcle la harina y la sal en un tazón, luego frote la mantequilla o la margarina hasta que la mezcla parezca pan rallado. Batir la yema de huevo, el azúcar y 10 ml/2 cucharaditas de agua en un tazón pequeño, luego agregar la harina con un cuchillo de hoja redonda, agregando suficiente agua extra para hacer una masa suave. Presione en una bola, gire sobre una superficie ligeramente enharinada y amase suavemente hasta que quede suave. Envuelva en film transparente (envoltura de plástico) y enfríe durante 30 minutos antes de usar.

pastelería de mantequilla americana

Una masa pegajosa (pasta) que le da un acabado más crujiente, ideal para usar con frutas. Por lo general, se hornea a 200 °C/400 °F/marca de gas 6.

Rinde 350g/12oz

175 g/6 oz/¾ taza de mantequilla o margarina, blanda

225 g/8 oz/2 tazas de harina leudante (autoleudante)

2,5 ml/½ cucharadita de sal

45 ml/3 cucharadas de agua fría

Batir la mantequilla o margarina hasta que esté suave. Agregue gradualmente la harina, la sal y el agua y mezcle hasta obtener una masa pegajosa. Cubra con film transparente (envoltura de plástico) y refrigere por 30 minutos. Estirar entre hojas de papel de horno ligeramente enharinadas.

pastel de queso

Una masa quebrada (pasta) para tartas saladas o productos horneados. Por lo general, se hornea a 200 °C/400 °F/marca de gas 6.

Rinde 350g/12oz

100 g/4 oz/1 taza de harina para todo uso

Una pizca de sal

Una pizca de cayena

50 g/2 oz/¼ taza de mantequilla o margarina

50 g/2 oz/½ taza de queso cheddar, rallado

1 yema de huevo

30 ml/2 cucharadas de agua fría

Mezcle la harina, la sal y la cayena en un tazón, luego frote la mantequilla o la margarina hasta que la mezcla parezca pan rallado. Agregue el queso, luego mezcle la yema de huevo y suficiente agua para hacer una masa rígida. Voltee sobre una superficie ligeramente enharinada y amase suavemente hasta que se mezclen. Envuelva en film transparente (envoltura de plástico) y enfríe durante 30 minutos antes de usar.

pasta choux

Una masa ligera (pasta) que se infla hasta tres veces su tamaño sin hornear durante la cocción. Ideal para tartas y pasteles de nata. Por lo general, se hornea a 200 °C/400 °F/marca de gas 6.

Rinde 350g/12oz

50 g/2 oz/¼ taza de mantequilla sin sal (dulce)

150 ml/¼ pt/2/3 taza de leche y agua en cantidades iguales, mezcladas

75 g/3 oz/1/3 taza de harina para todo uso

2 huevos, ligeramente batidos

Derrita la mantequilla en la leche y el agua en una cacerola a fuego lento. Llevar a ebullición rápidamente, retirar del fuego. Vierta toda la harina y bata hasta que la mezcla se despegue de las paredes de la sartén. Dejar enfriar un poco. Batir gradualmente los huevos, poco a poco, hasta que la mezcla esté suave y brillante.

hojaldre

El hojaldre (pasta) se utiliza para pasteles delicados como cuerno de crema Solo debe hacerse en condiciones frescas. Por lo general, se hornea a 220 °C/425 °F/marca de gas 7.

Rinde 450g/1lb

225 g/8 oz/2 tazas de harina para todo uso

2. 5 ml/½ cucharadita de sal

75 g/3 oz/1/3 taza de manteca (manteca vegetal)

75 g/3 oz/1/3 taza de mantequilla o margarina

5 ml/1 cucharadita de jugo de limón

100 ml/3½ fl oz/6½ cucharadas de agua helada

Mezcle la harina y la sal en un tazón. Mezcle la manteca de cerdo y la mantequilla o margarina, luego forme un bloque y córtelo en cuartos. Frote una cuarta parte de la grasa en la harina hasta que la mezcla parezca pan rallado. Agregue jugo de limón y suficiente agua para mezclar en una masa suave con un cuchillo de hoja redonda. Cubra con film transparente (envoltura de plástico) y refrigere por 20 minutos.

Extienda la masa sobre una superficie ligeramente enharinada hasta que tenga un grosor de aprox. 5 mm/¼. Picar el siguiente cuarto de grasa y extender dos tercios de la masa, dejando un hueco alrededor del borde. Dobla el tercio engrasado de la masa sobre la grasa, luego dobla el tercio engrasado hacia abajo sobre ella. Presione alrededor de todas las juntas con los dedos para sellar. Cubra con film transparente y refrigere por 20 minutos.

Coloque la masa en la superficie con la junta a la derecha. Estirar como antes, luego pinchar el tercer cuarto de la grasa. Doble, selle y refrigere como antes.

Coloque la masa en la superficie con la junta a la izquierda. Estirar como antes, luego probar con la última cuarta parte de la grasa. Doble, selle y refrigere como antes.

Estirar la masa hasta un grosor de 5 mm/¼ y volver a doblar.
Cubra con film transparente y refrigere por 20 minutos antes de
usar.

masa de mantequilla

La masa de hojaldre (pasta) debe elevarse unas seis veces su
altura cuando se hornea y se puede utilizar para todo tipo de
pasteles ligeros que requieran una masa aireada. Por lo general, se
hornea a 230 °C/450 °F/marca de gas 8.

Rinde 450g/1lb

225 g/8 oz/2 tazas de harina para todo uso

5 ml/1 cucharadita de sal

225 g/8 oz/1 taza de mantequilla o margarina

2,5 ml/½ cucharadita de jugo de limón

150 ml/¼ pt/2/3 taza de agua helada

Mezcle la harina y la sal en un tazón. Corte 50 g/2 oz/¼ de taza de
mantequilla o margarina en trozos, luego frótelos en la harina
hasta que la mezcla parezca pan rallado. Agregue jugo de limón y
agua y mezcle con un cuchillo de hoja redonda hasta obtener una
masa suave. Coloque la masa sobre una superficie ligeramente
enharinada y amase suavemente hasta que quede suave. Forme
una bola y corte una cruz profunda en el centro, cortando
aproximadamente las tres cuartas partes de la masa (pasta). Abre
las solapas y enrolla la masa para que el centro quede más grueso
que los bordes. Coloque la mantequilla o margarina restante en el
centro de la masa, doble las solapas para cubrirla y selle los
bordes. Estirar la masa en un rectángulo de 40 x 20 cm/16 x 8
pulgadas, teniendo cuidado de que no se escape la mantequilla.
Dobla el tercio inferior de la masa hacia el centro, luego dobla el
tercio superior sobre él. Presione los bordes para sellar, y luego
girar la masa un cuarto de vuelta. Cubra con film transparente
(envoltura de plástico) y refrigere por 20 minutos. Repite enrollar,

doblar y enfriar 6 veces en total. Cubra con film transparente y refrigere por 30 minutos antes de usar.

hojaldre grueso

Más fácil de hacer que el hojaldre (pasta), con una consistencia ligera, se sirve mejor tibio que frío. Por lo general, se hornea a 220 °C/425 °F/marca de gas 7.

Rinde 450g/1lb

225 g/8 oz/2 tazas de harina para todo uso

5 ml/1 cucharadita de sal

175 g/6 oz/¾ taza de mantequilla o margarina, enfriada y en cubos

5 ml/1 cucharadita de jugo de limón

150 ml/¼ pt/2/3 taza de agua helada

Mezcle todos los ingredientes con un cuchillo redondo hasta obtener una masa suave. Pasar a una superficie ligeramente enharinada y estirar con cuidado hasta obtener un rectángulo de 30 x 10 cm/12 x 4 pulgadas aprox. 2 cm/¾ de espesor. Dobla el tercio inferior de la masa hacia el centro, luego el tercio superior hacia abajo y sobre la parte superior. Voltee la masa para que la unión quede hacia la izquierda y selle los bordes con la punta de los dedos. Estirar a un rectángulo un poco más grande aprox. 1 cm/½ de espesor. Dobla en tercios de la misma manera, sella los bordes y dale un cuarto de vuelta a la masa. Cubra con film transparente (envoltura de plástico) y refrigere por 20 minutos. Repita este enrollado, doblado y volteado cuatro veces en total, enfriando cada dos vueltas. Envolver en film transparente y refrigerar por 20 minutos antes de usar.

paté sucree

Una masa fina y dulce (pasta) con una textura fundente, excelente para moldes para pasteles (pie shells). Por lo general, se hornea a ciegas a 180 °C/350 °F/marca de gas 4.

Rinde 350g/12oz

100 g/4 oz/1 taza de harina para todo uso

Una pizca de sal

50 g/2 oz/¼ taza de mantequilla o margarina, blanda

50 g/2 oz/¼ taza de azúcar en polvo (superfina)

2 yemas de huevo

Tamizar la harina y la sal sobre una superficie de trabajo fría y hacer un hueco en el centro. Coloque la mantequilla o margarina, el azúcar y las yemas de huevo en el centro y mezcle, poco a poco, con la yema de los dedos, incorpore la harina hasta obtener una masa suave y tersa. Cubra con una película adhesiva (envoltura de plástico) y enfríe durante 30 minutos antes de usar.

Bolas de crema choux

hacer 16

50 g/2 oz/¼ taza de mantequilla sin sal (dulce)

150 ml/¼ pt/2/3 taza de leche y agua en cantidades iguales, mezcladas

75 g/3 oz/1/3 taza de harina para todo uso

2 huevos batidos

150 ml/¼ pt/2/3 taza de crema doble (pesada)

Flormelis (repostería), tamizada, para limpiar

Derretir la mantequilla con la leche y el agua en una cacerola, luego llevar a ebullición. Retire del fuego, vierta toda la harina y bata hasta que la mezcla se despegue de las paredes de la sartén. Batir gradualmente los huevos poco a poco hasta que se mezclen. Vierta o cuchare la masa sobre una bandeja para hornear humedecida y hornee en un horno precalentado a 200 ° C / 400 ° F / marca de gas 6 durante 20 minutos, dependiendo del tamaño, hasta que esté dorado. Haga un corte en el costado de cada pastel para permitir que escape el vapor y déjelo enfriar sobre una rejilla. Batir la nata hasta que esté espesa, luego revolverla en el centro de los bollos choux. Servir espolvoreado con azúcar glas.

Hojaldres de mandarina con queso

hacer 16

Para pastelería (pasta):

50 g/2 oz/¼ taza de mantequilla

150 ml/¼ pt/2/3 taza de agua

75 g/3 oz/¾ taza de harina para todo uso

2 huevos batidos

Para el llenado:

300 ml/½ pt/1¼ tazas de crema doble (pesada)

75 g/3 oz/¾ taza de queso cheddar, rallado

10 ml/2 cucharaditas de licor de naranja

300g/11oz/1 lata mediana de mandarinas, escurridas

Derretir la mantequilla con el agua en una cacerola, luego llevar a ebullición. Retire del fuego, vierta toda la harina y bata hasta que la mezcla se despegue de las paredes de la sartén. Batir gradualmente los huevos, poco a poco, hasta que se mezclen. Vierta o cuchare la masa sobre una bandeja para hornear humedecida y hornee en un horno precalentado a 200 ° C / 400 ° F / marca de gas 6 durante 20 minutos, dependiendo del tamaño, hasta que esté dorado. Haga un corte en el costado de cada pastel para permitir que escape el vapor y déjelo enfriar sobre una rejilla.

Montar la mitad de la nata a punto de nieve, incorporar el queso y el licor, incorporar la pasta choux y prensar un par de mandarinas en cada una. Coloque los hojaldres en un plato grande y sirva con la crema restante.

Eclairs de chocolate

hacer 10

225 g/8 oz de pasta choux

Para el llenado:

150 ml/¼ pt/2/3 taza de crema doble (pesada)

5 ml/1 cucharadita de azúcar de caña (super fina).

5 ml/1 cucharadita de azúcar en polvo (repostería).

Unas gotas de esencia de vainilla (extracto)

Para la salsa:

50g/2oz /½ taza de chocolate natural (semidulce)

15 g/½ oz/1 cucharada de mantequilla o margarina

20 ml/4 cucharaditas de agua

25 g / 1 oz / 3 cucharadas de azúcar en polvo (repostería)

Vierta la masa en una manga pastelera (rociador) provista de una boquilla (punta) estándar de 2 cm/¾ de pulgada y pásela en 10 tramos a una bandeja para hornear (bandeja para pasteles) ligeramente engrasada, bien separadas. Hornee en un horno precalentado a 190°C/375°F/nivel de gas 5 durante 30 minutos hasta que los éclairs estén bien subidos y dorados. Colócala sobre una rejilla y corta un lado para que salga el vapor. Dejar enfriar.

Para hacer el relleno, monta la nata con el azúcar y la esencia de vainilla. Verter en éclairs.

Para hacer la salsa, derrita el chocolate, la mantequilla o la margarina y el agua en una cacerola pequeña a fuego lento, revolviendo constantemente. Batir el azúcar glas y esparcir sobre la parte superior de los éclairs.

Profiteroles

hacer 20

225 g/8 oz de pasta choux

Para el llenado:

150 ml/¼ pt/2/3 taza de crema doble (pesada)

5 ml/1 cucharadita de azúcar de caña (super fina).

5 ml/1 cucharadita de azúcar en polvo (repostería).

Unas gotas de esencia de vainilla (extracto)

Para la salsa:

50 g/2 oz/½ taza de chocolate natural (semidulce), rallado

25 g / 1 oz / 2 cucharadas de azúcar en polvo (superfino).

300 ml/½ pt 1¼ tazas de leche

15 ml/1 cucharada de harina de maíz (fécula de maíz)

Unas gotas de esencia de vainilla (extracto)

Vierta la masa en una manga pastelera (rociador) provista de una boquilla normal de 2 cm/¾ (punta) y canalice aprox. 20 bolas pequeñas en una bandeja para hornear ligeramente engrasada con una buena distancia entre sí. Hornear en horno precalentado a 190°C/375°F/gas marca 5 por 25 minutos, hasta que los profiteroles estén bien subidos y dorados. Colócalas sobre una rejilla y córtalas en gajos para que salga el vapor. Dejar enfriar.

Para hacer el relleno, monta la nata con el azúcar y la esencia de vainilla. Verter en los profiteroles. Dispóngalos en una pila alta en un plato para servir.

Para hacer la salsa, combine el chocolate y el azúcar en un bol con todo menos 15 ml/1 cucharada de leche. Mezcla la leche reservada con la harina de maíz. Caliente la leche, el chocolate y el azúcar suavemente hasta que el chocolate se derrita, revolviendo ocasionalmente. Agregue la mezcla de harina de maíz y deje hervir. Cocine por 3 minutos, revolviendo. Agregar esencia de vainilla.

Colar en una jarra caliente. Vierta la salsa picante sobre los profiteroles, o déjelos enfriar y luego vierta sobre los pasteles.

Pastel de almendras y melocotón

Haz un pastel de 23 cm/9 pulgadas

250 g / 12 oz de hojaldre

225 g/8 oz/2 tazas de almendras molidas

175 g/6 oz/¾ taza de azúcar en polvo (super fina).

2 huevos

5 ml/1 cucharadita de jugo de limón

15 ml/1 cucharada Amaretto

450 g/1 lb de duraznos, sin hueso (sin hueso) y cortados por la mitad

Azúcar extrafino (superfino) para limpiar

50 g/2 oz/½ taza de almendras en hojuelas

Estirar la masa sobre una superficie ligeramente enharinada en dos rectángulos de aprox. 5 mm/¼ de espesor. Coloque uno en una bandeja para hornear humedecida. Mezcle las almendras molidas, el azúcar, un huevo, el jugo de limón y Amaretto y mezcle hasta obtener una pasta. Estirar la pasta en un rectángulo del mismo tamaño y colocar encima de la masa. Coloque los duraznos con el lado cortado hacia abajo sobre la mezcla de almendras. Separar el huevo restante y pincelar los bordes de la masa con un poco de la yema batida. Dobla el resto del rectángulo de masa por la mitad a lo largo. Corta hendiduras cada 1 cm/½ pulgada desde el pliegue hasta 1 cm/½ pulgada del borde opuesto. Desdoble la masa y colóquela sobre los duraznos, presionando los bordes para sellarlos. Flauta los bordes con un cuchillo. Enfriar durante 30 minutos. Pincelar con la yema de huevo batida restante y hornear en un horno precalentado a 220°C/425°F/nivel de gas 7 durante

20 minutos hasta que suba bien. Pintar con clara de huevo, rociar con azúcar glas y espolvorear con almendras laminadas. Volvemos a meter en el horno otros 10 minutos hasta que estén doradas.

molinos de viento de manzana

hacer 6

hojaldre de 225 g / 8 oz

1 manzana grande para comer (de postre)

15 ml/1 cucharada de jugo de limón

30 ml/2 cucharadas de mermelada de albaricoque (conserva), tamizada (tamizada)

15 ml/1 cucharada de agua

Extienda la masa y córtela en cuadrados de 13 cm/5 pulgadas. Haz cuatro cortes de 5 cm en las líneas diagonales de los cuadrados de bizcocho desde el borde hacia el centro. Moje el centro de los cuadrados y presione un punto de cada esquina hacia el centro para hacer un molino de viento. Pelar, quitar el centro y cortar en rodajas finas la manzana y agregar el jugo de limón. Disponer las rodajas de manzana en el centro de los molinetes y hornear en un horno precalentado a 220 °C/425 °F/nivel de gas 7 durante 10 minutos hasta que suban y estén doradas. . Caliente la mermelada con el agua hasta que esté bien mezclada, luego cepille las manzanas y la masa para glasear. Dejar enfriar.

Cuerno de crema

hacer 10

450g/1lb hojaldre o hojaldre

1 yema de huevo

15 ml/1 cucharada de leche

300 ml/½ pt/1¼ tazas de crema doble (pesada)

50 g/2 oz/1/3 taza de azúcar en polvo, tamizada, más extra para secar

Estirar la masa en un rectángulo de 50 x 30 cm/20 x 12 pulgadas, recortar los bordes y luego cortar a lo largo en tiras de 2,5 cm/1 pulgada. Mezclar la yema de huevo con la leche y pincelar la masa suavemente con la mezcla, asegurándose de que no quede huevo en la parte inferior de la masa o que se pegue a los moldes. Gire cada tira en espiral alrededor de una forma de cuerno de metal, superponiendo los bordes de las tiras de pastel. Cepille nuevamente con yema de huevo y leche y colóquelo en una bandeja para hornear con el extremo hacia abajo. Hornee en un horno precalentado a 200°C/400°F/gas marca 6 durante 15 minutos hasta que estén doradas. Deje que se enfríe durante 3 minutos, luego retire los moldes de la masa mientras aún está caliente. Dejar enfriar. Bate la crema con el azúcar en polvo hasta que esté firme, luego agrega los cuernos de crema. Espolvorear con un poco más de azúcar glas.

Feuilleté

hacer 6

hojaldre de 225 g / 8 oz

100 g de frambuesas

120 ml/4 fl oz/½ taza de crema doble (pesada)

60 ml/4 cucharadas de azúcar glas (glaseado) azúcar

unas gotas de agua

Unas gotas de colorante alimentario rojo.

Estirar la masa a un grosor de 5 mm/¼ sobre una superficie ligeramente enharinada y recortar los bordes en un rectángulo. Coloque en una bandeja para hornear sin engrasar y hornee en un horno precalentado a 220 °C/425 °F/nivel de gas 7 durante 10 minutos hasta que suba y esté dorado. Dejar enfriar.

Cortar la masa horizontalmente en dos capas. Lavar, escurrir y secar la fruta cuidadosamente. Batir la nata a punto de nieve. Extienda sobre la capa inferior de masa, cubra con la fruta, luego coloque la capa superior de masa encima. Ponga el azúcar en polvo en un tazón y agregue gradualmente suficiente agua para hacer un glaseado espeso. Extienda la mayor parte del glaseado sobre la parte superior del pastel. Colorea el resto del glaseado con un poco de colorante alimentario, añadiendo un poco más de azúcar glasé si se vuelve demasiado líquido. Pipe o gotee en líneas sobre el glaseado blanco, luego pase un palillo de cóctel (palillo de dientes) a través de las líneas para crear un efecto de pluma. Servir inmediatamente.

tortas rellenas de ricota

hacer 16

hojaldre de 350 g / 12 oz

1 clara de huevo

10 ml/2 cucharaditas de azúcar de caña (super fina).

Para el llenado:

150 ml/¼ pt/2/3 taza doble (pesada) o crema batida

100 g/4 oz/½ taza de queso ricotta

30 ml/2 cucharadas de azúcar glas (superfino) azúcar

45 ml/3 cucharadas de cáscara mixta picada

Azúcar glas (de repostería) para secar

Extienda la masa (pasta) finamente sobre una superficie ligeramente enharinada y córtela en cuatro círculos de 18 cm/7. Corte cada círculo en cuartos, colóquelos en una bandeja para hornear ligeramente engrasada y refrigere por 30 minutos.

Batir las claras de huevo hasta que estén espumosas, luego agregar el azúcar, cepillar la masa y hornear en un horno precalentado durante 10 minutos hasta que suban y estén doradas. Transfiera a una rejilla y haga una ranura en triángulos donde se pueda insertar el relleno. Dejar enfriar.

Para hacer el relleno, montar la nata a punto de nieve. Reblandecer la ricota en un bol, añadir la nata, el azúcar y la fruta, verter o verter el relleno en las tartas y servir inmediatamente, espolvoreado con azúcar glas.

Hojaldres de nuez

hacer 18

200g/7oz/1¾ tazas de nueces, molidas gruesas

75 g/3 oz/1/3 taza de azúcar en polvo (superfina)

30 ml/2 cucharadas de licor de anís o Pernod

25 g/1 oz/2 cucharadas de mantequilla o margarina, blanda

450 g/1 libra de hojaldre

1 huevo batido

Mezclar las nueces, el azúcar, el licor y la mantequilla o margarina. Extienda la masa (pasta) sobre una superficie ligeramente enharinada hasta formar un rectángulo de 60 x 30 cm/24 x 12 pulgadas (o puede extender la mitad de la masa a la vez). Cortar en 18 cuadrados y dividir la mezcla de nueces entre los cuadrados. Pintar los bordes de los cuadrados con huevo batido, doblar y sellar en forma de salchicha con la unión por debajo y torcer los extremos como si fuera un envoltorio de dulce. Colocar en una placa de horno engrasada y pintar con huevo batido. Hornee en un horno precalentado a 230°C/450°F/marca de gas 8 durante 10 minutos hasta que suba y se dore. Comer calientes el día que se hornean.

pasteles daneses

Rinde 450g/1lb

450 g/1 lb/4 tazas de harina para todo uso

5 ml/1 cucharadita de sal

25 g / 1 oz / 2 cucharadas de azúcar en polvo (superfino).

5 ml/1 cucharadita de cardamomo molido

50 g/2 oz de levadura fresca o 75 ml/5 cucharadas de levadura seca

250 ml/8 fl oz/1 taza de leche

1 huevo batido

300 g/10 oz/1¼ tazas de mantequilla, rebanada

Tamizar la harina, la sal, el azúcar y el cardamomo en un bol. Esponjar la levadura con un poco de leche y mezclar la harina con el resto de la leche y el huevo. Mezclar en una masa y amasar hasta que quede suave y brillante.

Estirar la masa (pasta) sobre una superficie ligeramente enharinada hasta formar un rectángulo de 56 x 30 cm/22 x 12 durante aprox. 1 cm/½ de espesor. Coloque las rebanadas de mantequilla sobre el tercio medio de la masa, dejando un espacio alrededor de los bordes. Dobla un tercio de la masa para cubrir la mantequilla, luego dobla el tercio restante. Presione los extremos con las yemas de los dedos, luego refrigere por 15 minutos. Estirar nuevamente al mismo tamaño, doblar en tercios y refrigerar por 15 minutos. Repite el proceso una vez más. Coloque la masa en una bolsa de plástico enharinada y déjela reposar durante 15 minutos antes de usar.

Pretzel de cumpleaños danés

8 porciones

50 g/2 oz de levadura fresca

50 g/2 oz/¼ taza de azúcar granulada

450 g/1 lb/4 tazas de harina para todo uso

250 ml/8 fl oz/1 taza de leche

1 huevo

200 g/7 oz/pequeña 1 taza de mantequilla, fría y en rodajas

Para el llenado:

100 g/4 oz/1 taza de almendras picadas

100g/4oz/½ taza de mantequilla o margarina

100 g/4 oz/½ taza de azúcar en polvo (superfina)

Huevo batido para glasear

25 g/1 oz/¼ taza de almendras blanqueadas, picadas en trozos grandes

15 ml/1 cucharada de azúcar demerara

Esponjar la levadura con azúcar. Poner la harina en un bol. Batir la leche y los huevos y agregar la harina con la levadura. Mezclar hasta formar una masa, tapar y dejar en un lugar frío durante 1 hora. Estirar la masa (pasta) a 56 x 30 cm/22 x 12 pulg. Disponer la mantequilla en el tercio medio de la masa, evitando los bordes. Dobla un tercio de la masa sobre la mantequilla, luego dobla el otro tercio y presiona los bordes para unirlos. Enfriar por 15 minutos. Estirar, doblar y enfriar tres veces más.

Mezcle los ingredientes restantes, excepto los huevos, las almendras y el azúcar, hasta que quede suave.

Estirar la masa en una tira larga de aprox. 3 mm de espesor y 10 cm de ancho. Divide el relleno en el medio, humedece los bordes y presiónalos sobre el relleno. Dar forma de pretzel en una bandeja para hornear engrasada y dejar durante 15 minutos en un lugar cálido. Pintar con huevo batido y espolvorear con las almendras blanqueadas y el azúcar demerara. Hornee en un horno precalentado a 230°C/450°F/marca de gas 8 durante 15-20 minutos hasta que suba y esté dorado.

Caracoles de pastelería danesa

hacer 16

100 g/4 oz/½ taza de mantequilla sin sal (dulce), blanda

60 ml/4 cucharadas de azúcar glas (glaseado) azúcar

45 ml/3 cucharadas de grosellas

½ cantidad de pasta danesa

15 ml/1 cucharada de canela molida

glaseado

Para hacer el relleno, mezcle la mantequilla y el azúcar glas hasta que quede suave, luego agregue las grosellas y extienda la masa en un rectángulo de aprox. 40 x 15 cm. Untar con el relleno de mantequilla y espolvorear con canela. Enrolle desde el extremo corto para hacer una forma de rollo suizo (gelatina). Cortar en 16 rebanadas y colocar en una bandeja para hornear. Dejar en un lugar cálido durante 15 minutos. Hornee en un horno precalentado a 230°C/450°F/gas marca 8 durante 10-15 minutos hasta que estén doradas. Dejar enfriar, luego decorar con glaseado.

Trenza de pastelería danesa

hacer 16

½ cantidad de pasta danesa

1 huevo batido

25 g/1 oz/3 cucharadas de grosellas

glaseado

Divida la masa en seis porciones iguales y forme un rollo largo con cada una. Humedezca los extremos de los rollos y presiónelos juntos en tres, luego trence las longitudes juntas, sellando los extremos. Cortar en 10 cm/4 de largo y colocar en una bandeja para hornear. Dejar en un lugar cálido durante 15 minutos. Pintar con huevo batido y espolvorear con grosellas. Hornee en un horno precalentado a 230°C/450°F/marca de gas 8 durante 10-15 minutos hasta que suba y se dore. Dejar enfriar, luego hielo con glaseado.

Pastelería danesa Molinos de viento

hacer 16

25 g/1 oz/¼ taza de almendras molidas

25 g / 1 oz / 3 cucharadas de azúcar en polvo (repostería)

Un poco de clara de huevo

½ cantidad de pasta danesa

Para hacer el relleno, muela las almendras y el azúcar glas, luego mezcle gradualmente suficientes claras de huevo para hacer una mezcla firme y uniforme. Estirar la masa y cortarla en cuadrados de 10 cm/4. Corte en diagonal desde las esquinas hasta 1 cm del centro. Coloque una cucharada del relleno en el centro de cada molino de viento, luego lleve cuatro de las esquinas hacia el centro como un molino de viento y presione el relleno. Colóquelo en una bandeja para hornear y déjelo en un lugar cálido durante 15 minutos. Cepille con la clara de huevo restante y hornee en un horno precalentado a 230°C/450°F/nivel de gas 8 durante 10-15 minutos hasta que suba y esté dorado.

tortas de almendras

hacer 24

450 g/1 lb/2 tazas de azúcar en polvo (super fina).

450 g/1 lb/4 tazas de almendras molidas

6 huevos, ligeramente batidos

5 ml/1 cucharadita esencia de vainilla (extracto)

75 g/3 oz/¾ taza de piñones

Mezcle el azúcar, las almendras molidas, el huevo y la esencia de vainilla hasta que estén bien combinados. Verter en una bandeja de horno de 30 x 23 cm/12 x 9 engrasada y forrada y espolvorear con los piñones. Hornee en un horno precalentado a 180°C/350°F/nivel de gas 4 durante 1½ horas hasta que esté dorado y firme al tacto. Cortar en cuadrados.

Estuche bizcocho básico

Hacer un estuche de 23 cm/9 (carcasa)

2 huevos

200 g/7 oz/pequeño 1 taza de azúcar extrafino (superfino)

5 ml/1 cucharadita esencia de vainilla (extracto)

150 g/5 oz/1¼ tazas de harina para todo uso

5 ml/1 cucharadita de levadura en polvo

Una pizca de sal

120 ml/4 fl oz/½ taza de leche

50 g/2 oz/¼ taza de mantequilla o margarina

Batir los huevos, el azúcar y la esencia de vainilla, luego mezclar la harina, el polvo de hornear y la sal. Llevar a ebullición la leche y la mantequilla o la margarina en una cacerola pequeña, luego verter en la mezcla para pastel y mezclar bien. Vierta en un molde engrasado de 23 cm/9 y hornee en un horno precalentado a 180 °C/350 °F/marca de gas 4 durante 30 minutos hasta que esté ligeramente dorado. Voltee sobre una rejilla para que se enfríe.

tarta de almendras

Haz un pastel de 20 cm/8 pulgadas

175 g / 6 oz de masa quebrada

Para el llenado:

50 g/2 oz/¼ taza de mantequilla o margarina, blanda

2 huevos batidos

50 g/2 oz /½ taza de harina leudante (autoleudante)

75 g/3 oz/¾ taza de almendras molidas

Unas gotas de esencia de almendras (extracto)

45 ml/3 cucharadas de jugo de naranja

400 g/14 oz/1 lata grande de duraznos o albaricoques, bien escurridos

15 ml/1 cucharada de almendras laminadas

Estirar la masa (la pasta) y utilizarla para forrar un flan (bandeja) de 20cm/8 engrasado. Pinchar la base con un tenedor. Batir la mantequilla o la margarina y los huevos hasta que estén suaves. Mezcle gradualmente la harina, las almendras molidas, la esencia de almendras y el jugo de naranja. Haga puré los melocotones o albaricoques en un procesador de alimentos o páselos por un colador (tamiz). Extienda el puré sobre la masa, luego vierta la mezcla de almendras encima. Espolvorea con las almendras en hojuelas y hornea en un horno precalentado a 190 °C/375 °F/nivel de gas 5 durante 40 minutos hasta que esté elástica al tacto.

Tarta de manzana y naranja del siglo XVIII

Haz un pastel de 18 cm/7 pulgadas

Para pastelería (pasta):

100 g/4 oz/1 taza de harina para todo uso

25 g / 1 oz / 2 cucharadas de azúcar en polvo (superfino).

50 g/2 oz/¼ taza de mantequilla o margarina

1 yema de huevo

Para el llenado:

75 g/3 oz/1/3 taza de mantequilla o margarina, blanda

75 g/3 oz/1/3 taza de azúcar en polvo (superfina)

4 yemas de huevo

25 g/1 oz/3 cucharadas de cáscara picada mixta (confitada)

Corteza rallada de 1 naranja grande

1 manzana para comer (postre)

Para hacer la masa, mezcle la harina y el azúcar en un tazón, luego frote la mantequilla o la margarina hasta que la mezcla parezca pan rallado. Mezcle las yemas de huevo y mezcle ligeramente hasta formar una masa. Envuelva en film transparente (envoltura de plástico) y refrigere por 30 minutos antes de usar. Estirar la masa y usarla para forrar un aro de flan engrasado de 18 cm/7 in.

Para hacer el relleno, mezcle la mantequilla o margarina y el azúcar hasta que quede suave y esponjoso, luego mezcle las yemas de huevo, la ralladura mixta y la ralladura de naranja. Pelar, descorazonar y rallar la manzana y extenderla en la sartén. Hornee en un horno precalentado a 180°C/350°F/gas marca 4 durante 30 minutos.

tarta de manzana alemana

Haz un pastel de 20 cm/8 pulgadas

Para pastelería (pasta):

100 g/4 oz/1 taza de harina leudante (autoleudante)

50 g/2 oz/¼ taza de azúcar morena suave

25 g/1 oz/¼ taza de almendras molidas

75 g/3 oz/1/3 taza de mantequilla o margarina

5 ml/1 cucharadita de jugo de limón

1 yema de huevo

Para el llenado:

450 g/1 lb de manzanas preparadas (ácidas), peladas, sin corazón y rebanadas

75 g/3 oz/1/3 taza de azúcar morena suave

cáscara rallada de 1 limón

5 ml/1 cucharadita de jugo de limón

Para la cobertura:

50 g/2 oz/¼ taza de mantequilla o margarina

50 g/2 oz/½ taza de harina para todo uso

5 ml/1 cucharadita de canela molida

150g/5oz/2/3 taza de azúcar morena suave

Para hacer la masa, mezcle la harina, el azúcar y las almendras, luego frote la mantequilla o la margarina hasta que la mezcla parezca pan rallado. Agregue el jugo de limón y la yema de huevo y mezcle hasta obtener una masa. Presione en el fondo de un molde para pastel engrasado de 20 cm / 8 (bandeja). Mezcla los ingredientes para el relleno y extiéndelo sobre la base. Para hacer la cobertura, frote la mantequilla o la margarina con la harina y la canela, luego agregue el azúcar y extienda el relleno. Hornee en un horno precalentado a 180°C/350°F/marca de gas 4 durante 1 hora hasta que estén doradas.

Tarta de manzana con miel

Haz un pastel de 20 cm/8 pulgadas

Para pastelería (pasta):
75 g/3 oz/1/3 taza de mantequilla o margarina

175 g/6 oz/1½ tazas de harina integral (trigo integral).

Una pizca de sal

5 ml/1 cucharadita de miel clara

1 yema de huevo

30 ml/2 cucharadas de agua fría

Para el llenado:
900 g/2 libras de manzanas hirviendo (ácidas)

30 ml/2 cucharadas de agua

75 ml/5 cucharadas de miel clara

Corteza rallada y jugo de 1 limón

25 g/1 oz/2 cucharadas de mantequilla o margarina

2,5 ml/½ cucharadita de canela molida

2 comiendo (postre) manzanas

Para hacer la masa, frota la mantequilla o la margarina con la harina y la sal hasta que la mezcla parezca pan rallado. Agrega la miel, bate la yema de huevo con un poco de agua y revuelve en la mezcla, agregando suficiente agua adicional para hacer una masa suave. Envuélvalo en film transparente (envoltura de plástico) y refrigere por 30 minutos.

Para hacer el relleno, pele, quite el centro y corte las manzanas para cocinar y cocine a fuego lento con el agua hasta que estén blandas. Agregue 45 ml/3 cucharadas de miel, ralladura de limón, mantequilla o margarina y canela y cocine, sin tapar, hasta que se reduzca a un puré. Dejar enfriar.

Extienda la masa sobre una superficie ligeramente enharinada y utilícela para forrar un anillo de flan de 20 cm/8. Pincha todo con un tenedor, cubre con papel absorbente (encerado) y rellena con las alubias. Hornee en un horno precalentado a 200 °C/400 °F/marca de gas 6 durante 10 minutos. Retire el papel y los frijoles. Reduzca la temperatura del horno a 190 °C/375 °F/marca de gas 5. Vierta el puré de manzana en la caja. Descorazone las manzanas para comer sin pelarlas, luego córtelas en rodajas finas. Colóquelos en círculos superpuestos sobre el puré. Hornee en el horno precalentado durante 30 minutos hasta que las manzanas estén cocidas y ligeramente doradas.

Ponga la miel restante en una cacerola con jugo de limón y caliente suavemente hasta que la miel se disuelva. Verter sobre el flan cocido para glasear.

Tarta de manzana y carne picada

Haz un pastel de 18 cm/7 pulgadas

175 g / 6 oz de masa quebrada

1 manzana medianamente asada (ácida), pelada, sin corazón y rallada

175 g/6 oz/½ taza de carne molida

150 ml/¼ pt/2/3 taza de crema doble (pesada)

25 g/1 oz/¼ taza de almendras picadas y tostadas

Estirar la masa (la pasta) y usarla para forrar un aro de flan de 18cm/7. Pincharlo todo con un tenedor. Revuelva la manzana en el relleno y extiéndala sobre la base. Hornee en un horno precalentado a 200°C/400°F/gas marca 6 durante 15 minutos. Reduzca la temperatura del horno a 160 °C/325 °F/nivel de gas 3 y hornee durante 10 minutos más. Dejar enfriar. Montar la nata a punto de nieve, extender por encima del flan, espolvorear con las almendras y servir inmediatamente.

Tarta de manzana y sultana

Haz un pastel de 20 cm/8 pulgadas

100g/4oz/½ taza de mantequilla o margarina

225 g/8 oz/2 tazas de harina integral (trigo integral).

30 ml/2 cucharadas de agua fría

450 g/1 lb de manzanas preparadas (ácidas), peladas, sin corazón y rebanadas

15 ml/1 cucharada de jugo de limón

50 g/2 oz/1/3 taza de sultanas (pasas doradas)

50 g/2 oz/¼ taza de azúcar morena suave

Frote la mantequilla o la margarina en la harina hasta que la mezcla parezca pan rallado. Agregue suficiente agua fría para mezclarla en una masa (pasta). Estirar y usar para forrar un anillo de flan engrasado de 20 cm/8 in. Mezcle las manzanas en el jugo de limón y colóquelas en el molde para pasteles. Espolvorear con sultanas y azúcar. Estirar la masa y hacer una rejilla sobre la parte superior del relleno. Hornee en un horno precalentado a 190°C/375°F/gas marca 5 durante 30 minutos.

Pastel de albaricoque y merengue de coco

8 porciones

4 huevos, separados

100 g/4 oz/½ taza de mantequilla o margarina, blanda

175 g/3 oz/1/3 taza de miel clara

225 g/8 oz/2 tazas de harina integral (trigo integral).

Una pizca de sal

450 g/1 libra de albaricoques frescos, partidos por la mitad y sin hueso (sin hueso)

100 g/4 oz/½ taza de azúcar en polvo (superfina)

175 g/6 oz/1½ tazas de coco deshidratado (rallado)

Batir las yemas de huevo, la mantequilla o margarina y la miel hasta que estén bien combinados. Mezcle la harina y la sal hasta que quede suave y firme. Estirar la masa (pasta) sobre una superficie ligeramente enharinada hasta aprox. 1 cm/½ de espesor y transferir a una bandeja para hornear engrasada. Cubrir con las mitades de albaricoque, con el lado cortado hacia abajo y hornear en horno precalentado a 200°C/400°C/nivel de gas 6 durante 15 minutos.

Batir las claras de huevo a punto de nieve. Agregue la mitad del azúcar y continúe batiendo nuevamente hasta que esté firme y brillante. Agregue el resto del azúcar y el coco, extienda la mezcla de merengue sobre los albaricoques y vuelva al horno durante 30 minutos más hasta que estén ligeramente dorados. Cortar en cuadrados mientras aún está caliente.

pastel horneado

Haz un pastel de 18 cm/7 pulgadas

Para pastelería (pasta):

50 g/2 oz/¼ taza de mantequilla o margarina

100 g/4 oz/1 taza de harina para todo uso

30 ml/2 cucharadas de agua

Para el llenado:

100 g/4 oz/1/3 taza de mermelada de fresa (enlatada)

50 g/2 oz/¼ taza de mantequilla o margarina, blanda

50 g/2 oz/¼ taza de azúcar en polvo (superfina)

1 huevo, ligeramente batido

Unas gotas de esencia de almendras (extracto)

25 g/1 oz/¼ taza de harina leudante (autoleudante)

25 g/1 oz/3 cucharadas de almendras molidas

50 g/2 oz/½ taza de almendras en hojuelas

Para hacer la masa, frote la mantequilla o la margarina en la harina hasta que la mezcla parezca pan rallado. Agregue suficiente agua para mezclar en una masa. Estirar y utilizar para forrar un flan de 18 cm/7 engrasado. Untar con la mermelada. Para hacer el relleno, batimos la mantequilla o margarina y el azúcar, incorporamos el huevo y la esencia de almendra, incorporamos la harina y la almendra molida, vertemos la mermelada por encima y alisamos la superficie. Espolvorear con las almendras laminadas. Hornee en un horno precalentado a 190°C/375°F/gas 5 durante 20 minutos.

Tarta De Fudge De Banoffee

Servidor 4

250 g / 9 oz de masa quebrada

75 g/3 oz/1/3 taza de mantequilla o margarina

50 g/2 oz/¼ taza de azúcar morena suave

30 ml/2 cucharadas de leche

250 ml/8 fl oz/1 taza de leche condensada

3-4 plátanos en rodajas gruesas

Jugo de limon

300 ml/½ pt/1¼ tazas de crema doble (pesada)

Estire la masa y utilícela para forrar un molde para flan de fondo suelto de 23 cm de profundidad. Cubra con papel de hornear y rellene con frijoles horneados y hornee a ciegas en un horno precalentado a 200°C/400°F/gas 6 durante aprox. 10 minutos. Retire el papel y los frijoles y hornee por otros 5 minutos hasta que estén ligeramente dorados.

Mientras tanto, caliente la mantequilla y el azúcar en una cacerola y revuelva hasta que se disuelva. Llevar a ebullición y cocinar durante 1 minuto, revolviendo constantemente. Retire del fuego y agregue la leche y la leche condensada, vuelva a hervir por 2 minutos o hasta que la mezcla esté dorada y muy espesa, revolviendo constantemente. Coloque los plátanos en el molde para pasteles y rocíe con un poco de jugo de limón. Cubrir completamente con el fudge y dejar enfriar. Enfriar durante 45 minutos hasta que cuaje. Montar la nata y colocarla encima de la tarta. Adorne con plátano extra, rociado con jugo de limón si lo desea. Servir dentro de 2-3 horas.

Ingresos de Welsh Blackberry

Haz un pastel de 20 cm/8 pulgadas

225g/8oz moras

225 g/8 oz de masa quebrada

Un poco de leche para glasear

25 g/1 oz/2 cucharadas de mantequilla o margarina, cortada en cubitos

50 g/2 oz/¼ taza de azúcar morena suave

Lava y corta la fruta. Extienda la masa (pasta) en un círculo de 23 cm/9 y colóquela en una bandeja para hornear engrasada. Cubrir la mitad de la masa con la fruta, evitando los bordes. Doble sin apretar por la mitad, cepille la parte superior con leche y hornee en un horno precalentado a 190°C/375°F/nivel de gas 5 durante 40 minutos. Retire del horno y levante con cuidado la tapa, lo suficiente como para salpicar la fruta con mantequilla o margarina y espolvorear con azúcar.

Tarta de brandy o ron

Haz un pastel de 20 cm/8 pulgadas

225 g/8 oz/1 taza de dátiles sin hueso (sin hueso), picados

250 ml/8 fl oz/1 taza de agua hirviendo

2,5 ml/½ cucharadita de bicarbonato de sodio (bicarbonato de sodio)

100 g/4 oz/½ taza de mantequilla o margarina, blanda

175 g/6 oz/¾ taza de azúcar en polvo (super fina).

2 huevos

175 g/6 oz/1½ tazas de harina normal (para todo uso)

2,5 ml/½ cucharadita de levadura en polvo

2,5 ml/½ cucharadita de jengibre molido

Una pizca de sal

50 g/2 oz/½ taza de nueces mixtas picadas

50g/2oz/½ taza de migas de galleta

Para el almíbar:

450 g/l lb/2 tazas de azúcar morena suave

250 ml/8 fl oz/1 taza de agua hirviendo

15 g/½ oz/1 cucharada de mantequilla o margarina

5 ml/1 cucharadita de canela molida

60 ml/4 cucharadas de brandy o ron

Mezcle los dátiles, 200 ml 1 taza de agua hirviendo y la soda, revuelva bien y deje reposar. Bate la mantequilla o la margarina, el azúcar y el agua hirviendo restante hasta que quede suave y esponjosa. Batir poco a poco los huevos, luego incorporar la harina, el polvo de hornear, el jengibre y la sal. Incorporar la mezcla de nueces, galletas y dátiles. Verter en un molde cuadrado de 20 cm/8 engrasado y forrado y hornear en horno precalentado a 190°. C/375° F/gas marca 5 durante 30 minutos hasta que estén doradas y elásticas al tacto.

Para hacer el almíbar, ponga a hervir todos los ingredientes excepto el brandy o el ron en una cacerola. Cocine a fuego lento durante 5 minutos, luego deje que se enfríe. Agregue el brandy, luego vierta el almíbar sobre la tarta tibia. De frío a tibio antes de servir.

tartas de mantequilla

hacer 12

225 g/8 oz de masa quebrada

50 g/2 oz/¼ taza de mantequilla o margarina, derretida

175 g/6 oz/¾ taza de azúcar morena blanda

45 ml/3 cucharadas de crema única (ligera)

100 g/4 oz/2/3 taza de sultanas (pasas doradas)

1 huevo, ligeramente batido

5 ml/1 cucharadita esencia de vainilla (extracto)

Estirar la masa (pasta) y utilizarla para forrar 12 moldes para tartaletas (moldes para hamburguesas) engrasados y pinchar con un tenedor. Mezcla todos los ingredientes restantes y viértelos en los moldes. Hornee en un horno precalentado a 180°C/350°F/gas marca 4 durante 25 minutos.

tarta de coco

Haz un pastel de 23 cm/9 pulgadas

150g/5oz/2/3 taza de mantequilla o margarina

50 g/2 oz/¼ taza de azúcar morena suave

75 ml/5 cucharadas de miel clara

45 ml/3 cucharadas de leche

75 g/3 oz/¾ taza de coco deshidratado (rallado)

1 Estuche bizcocho básico

Lleve a ebullición todos los ingredientes del relleno, revolviendo constantemente. Vierta en el molde para tarta (pie shell) y colóquelo debajo de una parrilla caliente (asadores) durante unos minutos para dorar la parte superior.

Tartas de crema pastelera

hacer 12

225 g/8 oz de masa quebrada

15 ml/1 cucharada de azúcar de caña (super fina).

1 huevo, ligeramente batido

150 ml/¼ pt/2/3 taza de leche tibia

Una pizca de sal

nuez moscada rallada para espolvorear

Extienda la masa y utilícela para forrar 12 moldes de tartaletas (albóndigas). Mezcle el azúcar con el huevo, luego agregue gradualmente la leche tibia y la sal. Vierta la mezcla en los moldes para pasteles y espolvoree con nuez moscada. Hornee en un horno precalentado a 200°C/400°F/gas marca 6 durante 20 minutos. Dejar enfriar en los moldes.

Tartaletas de crema danesa

hacer 8

200 g/7 oz/pequeño 1 taza de mantequilla o margarina

250 g/9 oz/2¼ tazas de harina para todo uso

50 g/2 oz/1/3 taza de azúcar en polvo, tamizada

2 yemas de huevo

1 cantidad de relleno de crema danesa

Frote la mantequilla o la margarina en la harina y el azúcar hasta que la mezcla parezca pan rallado. Trabaje en las yemas de huevo hasta que estén bien combinados. Cubra con film transparente (envoltura de plástico) y refrigere por 1 hora. Extienda dos tercios de la masa (pasta) y utilícelos para forrar moldes para tartaletas engrasados (moldes para hamburguesas). Rellenar con el relleno de crema pastelera. Extienda la masa restante y corte las tapas para los pasteles. Humedezca los bordes y presiónelos para sellarlos. Hornee en un horno precalentado a 200°C/400°F/gas marca 6 durante 15-20 minutos hasta que estén doradas. Dejar enfriar en los moldes.

tartaletas de frutas

hacer 12

75 g/3 oz/1/3 taza de mantequilla o margarina, cortada en cubitos

175 g/6 oz/1½ tazas de harina normal (para todo uso)

45 ml/3 cucharadas de azúcar glas (superfino) azúcar

10 ml/2 cucharaditas de piel de naranja finamente rallada

1 yema de huevo

15 ml/1 cucharada de agua

175 g/6 oz/¾ taza de queso crema

15 ml/1 cucharada de leche

350 g/12 oz de frutas mixtas como uvas sin semillas partidas a la mitad, gajos de mandarina, fresas en rodajas, moras o frambuesas

45ml/3 cucharadas de mermelada de albaricoque (conserva), tamizada (tamizada)

15 ml/1 cucharada de agua

Frote la mantequilla o la margarina en la harina hasta que la mezcla parezca pan rallado. Revuelva en 30 ml / 2 cucharadas de azúcar y la mitad de la ralladura de naranja. Agregue la yema de huevo y el agua suficiente para mezclar en una masa suave. Envuélvalo en film transparente (envoltura de plástico) y refrigere por 30 minutos.

Estirar la masa (pasta) hasta un grosor de 3 mm/1/8 sobre una superficie ligeramente enharinada y forrar 12 moldes para barquetas (en forma de barco) o para tartaletas. Cubra con papel resistente a la grasa (encerado), rellene con frijoles para hornear y hornee en un horno precalentado a 190°C/375°F/nivel de gas 5 durante 10 minutos. Retire el papel y los frijoles y hornee por 5 minutos más hasta que estén dorados. Dejar enfriar en los moldes durante 5 minutos, luego desmoldar sobre una rejilla para que termine de enfriarse.

Bate el queso con la leche, el azúcar restante y la ralladura de naranja hasta que quede suave. Vierta en los moldes para pasteles (moldes de pastel) y coloque la fruta encima. Caliente la mermelada y el agua en una cacerola pequeña hasta que estén bien combinados, luego cepille sobre la fruta para glasear. Enfriar antes de servir.

Pastel genovés

Haz un pastel de 23 cm/9 pulgadas

100 g / 4 oz de hojaldre

50 g/2 oz/¼ taza de mantequilla o margarina, blanda

75 g/3 oz/1/3 taza de azúcar en polvo (superfina)

75 g/3 oz/¾ taza de almendras picadas

3 huevos, separados

2,5 ml/½ cucharadita de esencia de vainilla (extracto)

100 g/4 oz/1 taza de harina para todo uso

100 g/4 oz/2/3 taza de azúcar en polvo (azúcar de repostería), tamizada

Jugo de ½ limón

Estirar la masa sobre una superficie ligeramente enharinada y forrar un molde para tartas de 23 cm/9. Pincharlo todo con un tenedor. Revuelva la mantequilla o la margarina y el azúcar glas hasta que quede ligero y aireado. Incorporar poco a poco las almendras, las yemas de huevo y la esencia de vainilla, incorporar la harina, batir las claras de huevo a punto de nieve y luego incorporarlas a la mezcla. Vierta en el molde para pasteles (pie shell) y hornee en un horno precalentado a 190°C/375°F/nivel de gas 5 durante 30 minutos. Dejar enfriar durante 5 minutos. Mezcle el azúcar glas con el jugo de limón y extiéndalo sobre la parte superior del pastel.

pastel de jengibre

Haz un pastel de 23 cm/9 pulgadas

225 g/8 oz/2/3 taza de jarabe dorado (maíz claro)

250 ml/8 fl oz/1 taza de agua hirviendo

2,5 ml/½ cucharadita de jengibre molido

60 ml/4 cucharadas de jengibre cristalizado (confitado) finamente picado

30 ml/2 cucharadas de harina de maíz (fécula de maíz)

15 ml/1 cucharada de crema en polvo

1 Estuche bizcocho básico

Llevar a ebullición el almíbar, el agua y el jengibre molido, luego incorporar el jengibre cristalizado, mezclar la harina de maíz y la nata en polvo hasta formar una pasta con un poco de agua, incorporarla a la mezcla de jengibre y cocinar a fuego lento durante unos minutos, revolviendo constantemente. Verter el relleno en el molde de tarta (cáscara) y dejar que se enfríe y cuaje.

Tartas de mermelada

hacer 12

225 g/8 oz de masa quebrada

175 g/6 oz/½ taza de mermelada de fruta entera o sólida (enlatada)

Estirar la masa (la pasta) y utilizarla para forrar un bollo engrasado (albóndigas). Extienda la mermelada entre las tartaletas y hornee en un horno precalentado a 200 °C/400 °F/nivel de gas 6 durante 15 minutos.

Pastel de nuez

Haz un pastel de 23 cm/9 pulgadas

225 g/8 oz de masa quebrada

50 g/2 oz/½ taza de nueces

3 huevos

225 g/8 oz/2/3 taza de jarabe dorado (maíz claro)

75 g/3 oz/1/3 taza de azúcar morena suave

2,5 ml/½ cucharadita de esencia de vainilla (extracto)

Una pizca de sal

Extienda la masa (pasta) sobre una superficie ligeramente enharinada y utilícela para forrar 23 cm/9 engrasados en un plato engrasado. Cubra con papel resistente a la grasa (encerado), rellene con frijoles para hornear y hornee a ciegas en un horno precalentado a 190°C/375°F/nivel de gas 5 durante 10 minutos. Retire el papel y los frijoles.

Arregle las nueces pecanas en un hermoso patrón en el molde para pasteles (pie shell). Batir los huevos ligeramente y espumosos. Batir el almíbar, luego el azúcar y continuar batiendo hasta que el azúcar se disuelva. Agregue la esencia de vainilla y la sal y bata hasta que quede suave. Verter la mezcla en el molde y hornear en el horno precalentado durante 10 minutos. Reduzca la temperatura del horno a 180°C/350°F/marca de gas 4 y hornee por 30 minutos más hasta que esté dorado. Dejar enfriar y fijar antes de servir.

Tarta de nuez y manzana

Haz un pastel de 23 cm/9 pulgadas

2 huevos

350 g/12 oz/1½ tazas de azúcar en polvo (super fina).

50 g/2 oz/½ taza de harina para todo uso

10 ml/2 cucharaditas de levadura en polvo

Una pizca de sal

100 g/4 oz de manzanas hirviendo (ácidas), peladas, sin corazón y cortadas en cubitos

100 g/4 oz/1 taza de pecanas o nueces

150 ml/¼ pt/2/3 taza de nata para montar

Batir los huevos hasta que estén pálidos y espumosos. Agregue todos los ingredientes restantes, excepto la crema, uno a la vez en el orden indicado. Vierta en un molde para pasteles de 23 cm / 9 engrasado y forrado y hornee en un horno precalentado a 160 ° C / 325 ° F / gas 3 durante aprox. 45 minutos hasta que suba y se dore. Servir con la crema.

Tarta de Gainsborough

Haz un pastel de 20 cm/8 pulgadas

25 g/1 oz/2 cucharadas de mantequilla o margarina

2,5 ml/½ cucharadita de levadura en polvo

50 g/2 oz/¼ taza de azúcar en polvo (superfina)

100 g/4 oz/1 taza de coco deshidratado (rallado)

50 g/2 oz/¼ taza de cerezas glaseadas (confitadas), picadas

2 huevos batidos

Derrita la mantequilla, luego mezcle los ingredientes restantes y vierta en un molde para pasteles de 20 cm / 8 engrasado y forrado. Hornee en un horno precalentado a 180°C/350°F/nivel de gas 4 durante 30 minutos hasta que esté elástico al tacto.

Tarta de limón

Haz un pastel de 25 cm/10 pulgadas

225 g/8 oz de masa quebrada

100g/4oz/½ taza de mantequilla o margarina

4 huevos

Corteza rallada y jugo de 2 limones

100 g/4 oz/½ taza de azúcar en polvo (superfina)

250 ml/8 fl oz/1 taza de crema doble (pesada)

Hojas de menta para decorar

Estirar la masa (pasta) sobre una superficie ligeramente enharinada y utilizarla para forrar un molde de flan de 25 cm/10 in. Pinchar la base con un tenedor. Cubrir con papel vegetal (encerado) y rellenar con frijoles horneados. Hornee en un horno precalentado a 200 °C/400 °F/marca de gas 6 durante 10 minutos. Retire el papel y los frijoles y vuelva al horno por 5 minutos más hasta que la base esté seca. Reduzca la temperatura del horno a 160°C/325°F/gas marca 3.

Derrita la mantequilla o margarina, luego deje enfriar durante 1 minuto. Batir los huevos con la ralladura de limón y el jugo. Batir la mantequilla, el azúcar y la nata, verter en el fondo y hornear a temperatura reducida durante 20 minutos. Deje enfriar, luego enfríe antes de servir, adorne con hojas de menta.

Tartaletas de limón

hacer 12

225 g/8 oz/1 taza de mantequilla o margarina, blanda

75 g/3 oz/½ taza de azúcar en polvo (azúcar de repostería), tamizada

175 g/6 oz/1½ tazas de harina normal (para todo uso)

50 g/2 oz/½ taza de harina de maíz (fécula de maíz)

5 ml/1 cucharadita de cáscara de limón rallada

Para la cobertura:

30 ml/2 cucharadas de crema de limón

30 ml/2 cucharadas de azúcar glas, tamizada

Licúa todos los ingredientes del pastel hasta que quede suave. Viértalo en una manga pastelera y rocíe decorativamente en 12 cajas de papel colocadas en forma de bollo. Hornee en un horno precalentado a 180 °C/350 °F/marca de gas 4 durante 20 minutos hasta que estén dorados. Deje enfriar un poco, luego coloque una cucharada de crema de limón encima de cada pastel y espolvoree con azúcar glas.

tarta de naranja

Haz un pastel de 23 cm/9 pulgadas

1 Estuche bizcocho básico

400 ml/14 fl oz/1¾ tazas de jugo de naranja

150 g/5 oz/2/3 taza de azúcar en polvo (super fina).

30 ml/2 cucharadas de crema en polvo

15 g/½ oz/1 cucharada de mantequilla o margarina

15 ml/1 cucharada de piel de naranja rallada

Unas rodajas de naranja confitada (opcional)

Preparar la funda básica de bizcocho (cáscara). Mientras hierve, mezcle 250 ml/8 fl oz/1 taza de jugo de naranja con azúcar, crema en polvo y mantequilla o margarina. Lleve la mezcla a ebullición a fuego lento y cocine a fuego lento hasta que esté transparente y espesa. Incorporar la ralladura de naranja, tan pronto como el flan salga del horno, verter el jugo de naranja restante, luego verter el relleno de naranja en el flan y dejar enfriar y cuajar. Adorne con rodajas de naranja confitada si lo desea.

tarta de pera

Haz un pastel de 20 cm/8 pulgadas

1 cantidad de paté sucrée

Para el llenado:

150 ml/¼ pt/2/3 taza de crema doble (pesada)

2 huevos

50 g/2 oz/¼ taza de azúcar en polvo (superfina)

5 bombillas

Para el glaseado:

75 ml/5 cucharadas de mermelada de grosella (clara en conserva)

30 ml/2 cucharadas de agua

Un chorrito de jugo de limón

Extienda el pâte sucré y utilícelo para forrar un molde para flan de 20 cm/8. Cubra con papel resistente a la grasa (encerado) y rellene con frijoles para hornear y hornee en un horno precalentado a 190°C/375°F/nivel de gas 5 durante 12 minutos. Retire del horno, retire el papel y los frijoles y deje enfriar.

Para hacer el relleno se mezclan la nata, los huevos y el azúcar. Pelar y descorazonar las peras y cortarlas por la mitad a lo largo. Coloque el corte hacia abajo y córtelo casi hasta el centro de las peras, pero déjelas intactas. Disponer en la casa de la tarta (cáscara). Vierta la mezcla de crema y hornee en un horno precalentado a 190 °C/375 °F/nivel de gas 4 durante 45 minutos, cubra con papel encerado si se dora antes de que la crema se asiente. Dejar enfriar.

Para hacer el glaseado, derrita la gelatina, el agua y el jugo de limón en una cacerola pequeña hasta que se mezclen. Cepille la fruta mientras el glaseado está tibio y deje que se endurezca. Servir el mismo día.

tarta de pera y almendras

Haz un pastel de 20 cm/8 pulgadas

Para pastelería (pasta):

100 g/4 oz/1 taza de harina para todo uso

50 g/2 oz/½ taza de almendras molidas

50 g/2 oz/¼ taza de azúcar en polvo (superfina)

75 g/3 oz/1/3 taza de mantequilla o margarina, en cubos y blanda

1 yema de huevo

Unas gotas de esencia de almendras (extracto)

Para el llenado:

1 yema de huevo

50 g/2 oz/¼ taza de azúcar en polvo (superfina)

50 g/2 oz/½ taza de almendras molidas

30 ml/2 cucharadas de licor de pera u otro licor al gusto

3 peras grandes

Para la crema pastelera:

3 huevos

25 g / 1 oz / 2 cucharadas de azúcar en polvo (superfino).

300 ml/½ pt/1¼ tazas de crema simple (ligera)

Para hacer la masa, mezcle la harina, las almendras y el azúcar en un bol y haga un hueco en el centro. Agrega la mantequilla o margarina, la yema de huevo y la esencia de vainilla y poco a poco mezcla los ingredientes hasta obtener una masa suave. Envuélvalo en film transparente (envoltura de plástico) y refrigere por 45 minutos. Estirar sobre una superficie enharinada y forrar un molde engrasado y forrado de 20 cm/8 en forma de flan (bandeja). Cubra con papel resistente a la grasa (encerado) y rellene con frijoles para hornear y hornee a ciegas en un horno precalentado a

135

200 °C/400 °F/marca de gas 6 durante 15 minutos. Retire el papel y los frijoles.

Para hacer el relleno, mezcle la yema de huevo y el azúcar. Agregue las almendras y el licor y vierta la mezcla en el molde para pasteles (pie shell). Pelar, descorazonar y cortar las peras por la mitad, luego colocarlas con la parte plana hacia abajo sobre el relleno.

Para hacer natillas, bata los huevos y el azúcar hasta que estén suaves y esponjosos. Agregue la crema, cubra las peras con la crema y hornee en un horno precalentado a 180°C/350°F/nivel de gas 4 durante aprox. 15 minutos, hasta que la crema se haya endurecido.

Pastel de pasas real

Haz un pastel de 20 cm/8 pulgadas

Para pastelería (pasta):

100g/4oz/½ taza de mantequilla o margarina

225 g/8 oz/2 tazas de harina para todo uso

Una pizca de sal

45 ml/3 cucharadas de agua fría

Para el llenado:

50g/2oz/½ taza de migas de pastel

175 g/6 oz/1 taza de pasas

1 yema de huevo

5 ml/1 cucharadita de cáscara de limón rallada

Para la cobertura:

225 g/8 oz/11/3 tazas de azúcar en polvo (azúcar de repostería), tamizada

1 clara de huevo

5 ml/1 cucharadita de jugo de limón

Completar:

45 ml/3 cucharadas de mermelada de grosella (clara en conserva)

Para hacer la masa, frota la mantequilla o la margarina con la harina y la sal hasta que la mezcla parezca pan rallado. Mezclar con suficiente agua fría para hacer una masa. Envuélvalo en film transparente (envoltura de plástico) y refrigere por 30 minutos. Estire la masa y úsela para forrar un molde cuadrado para pastel de 20 cm. Mezcla los ingredientes para el relleno y viértelo sobre la base para que la parte superior quede uniforme. Bate los ingredientes para la cobertura y extiéndelo sobre el pastel. Bate la jalea de grosellas hasta que quede suave, luego coloca un enrejado sobre la parte superior del pastel. Hornee en un horno precalentado a 190 °C/375 °F/nivel de gas 5 durante 30 minutos, luego reduzca la temperatura del horno a 180 °C/350 °F/nivel de gas 4 y hornee durante 10 minutos más.

Tarta de pasas y crema agria

Haz un pastel de 23 cm/9 pulgadas

225 g/8 oz de masa quebrada

30 ml/2 cucharadas de harina normal (para todo uso)

2 huevos, ligeramente batidos

60 ml/4 cucharadas de azúcar extrafino (superfino).

250 ml/8 fl oz/1 taza de crema agria (ácido láctico)

225 g/8 oz/11/3 tazas de pasas

60 ml/4 cucharadas de ron o brandy

Unas gotas de esencia de vainilla (extracto)

Estirar la masa (pasta) hasta un grosor de 5 mm/¼ sobre una superficie ligeramente enharinada. Mezclar la harina, los huevos, el azúcar y la nata, incorporar las pasas, el ron o brandy y la esencia de vainilla, verter la mezcla en el molde y hornear en horno precalentado a 200°C/400°F/nivel 6 de gas durante 20 minutos. Reduzca la temperatura del horno a 180 °C/350 °F/nivel de gas 4 y hornee durante 5 minutos más hasta que cuaje.

Tarta de Fresas

Haz un pastel de 20 cm/8 pulgadas

1 cantidad de paté sucrée

Para el llenado:

5 yemas de huevo

175 g/6 oz/¾ taza de azúcar en polvo (super fina).

75 g/3 oz/¾ taza de harina de maíz (fécula de maíz)

1 vaina de vainilla (palo)

450 ml/¾ pt/2 tazas de leche

15 g/½ oz/1 cucharada de mantequilla o margarina

550 g/1¼ lb de fresas, partidas a la mitad

Para el glaseado:

75 ml/5 cucharadas de mermelada de grosella (clara en conserva)

30 ml/2 cucharadas de agua

Un chorrito de jugo de limón

Estirar la masa (la pasta) y utilizarla para forrar un molde para flan de 20cm/8. Cubra con papel resistente a la grasa (encerado) y rellene con frijoles para hornear y hornee en un horno precalentado a 190°C/375°F/nivel de gas 5 durante 12 minutos. Retire del horno, retire el papel y los frijoles y deje enfriar.

Para hacer el relleno, mezcle las yemas de huevo y el azúcar hasta que la mezcla esté pálida y esponjosa y salga del batidor en cintas. Batir la harina de maíz, poner la vaina de vainilla en la leche y llevarla a ebullición. Retire la vaina de vainilla. Batir gradualmente en la mezcla de huevo. Vierta la mezcla en una cacerola limpia y hierva, revolviendo constantemente, luego cocine, revolviendo constantemente, durante 3 minutos. Retire del fuego y agregue la mantequilla o la margarina hasta que se derrita. Cubrir con papel absorbente untado con mantequilla (encerado) y dejar enfriar.

Vierta la crema pastelera en el molde para pasteles (cáscara de tarta) y coloque las fresas bellamente encima. Para hacer el glaseado, derrita la gelatina, el agua y el jugo de limón hasta que se combinen. Cepille la fruta mientras el glaseado está tibio y deje que se endurezca. Servir el mismo día.

tarta de almíbar

Haz un pastel de 20 cm/8 pulgadas

75 g/3 oz/1/3 taza de mantequilla o margarina

175 g/6 oz/1½ tazas de harina normal (para todo uso)

15 ml/1 cucharada de azúcar de caña (super fina).

1 yema de huevo

30 ml/2 cucharadas de agua

225 g/8 oz/2/3 taza de jarabe dorado (maíz claro)

50 g/2 oz/1 taza de pan rallado fresco

5 ml/1 cucharadita de jugo de limón

Frote la mantequilla o la margarina en la harina hasta que la mezcla parezca pan rallado. Agregue el azúcar, luego agregue la yema de huevo y el agua y mezcle hasta obtener una masa (pasta). Envuélvalo en film transparente (envoltura de plástico) y refrigere por 30 minutos.

Estirar la masa y utilizarla para forrar un molde de flan de 20 cm/8 in. Caliente el almíbar, luego mézclelo con pan rallado y jugo de limón. Vierta el relleno en el molde para pastel y hornee en un horno precalentado a 180°C/350°F/nivel de gas 4 durante 35 minutos hasta que burbujee.

Tarta de nuez y almíbar

Haz un pastel de 20 cm/8 pulgadas

225 g/8 oz de masa quebrada

100 g/4 oz/½ taza de mantequilla o margarina, blanda

50 g/2 oz/¼ taza de azúcar morena suave

2 huevos batidos

175 g/6 oz/½ taza de jarabe dorado (maíz claro), tibio

100 g/4 oz/1 taza de nueces, finamente picadas

cáscara rallada de 1 limón

Jugo de ½ limón

Extienda la masa (la pasta) y utilícela para forrar un molde para pastel engrasado de 20 cm/8 pulgadas (forma). Cubra con papel resistente a la grasa (encerado) y rellene con frijoles para hornear y hornee en un horno precalentado a 200°C/400°F/gas marca 6 durante 10 minutos. Retire del horno y retire el papel y los frijoles. Reduzca la temperatura del horno a 180 °C/350 °F/marca de gas 4.

Bate la mantequilla o la margarina y el azúcar hasta que quede suave y esponjoso. Poco a poco agregue los huevos, luego agregue el almíbar, las nueces, la ralladura de limón y el jugo.Vierta en el molde para pasteles (pie shell) y hornee en el horno durante 45 minutos hasta que estén dorados y crujientes.

Pastel Amish Shoo-fly

Hace un pastel de 23 x 30 cm

225 g/8 oz/1 taza de mantequilla o margarina, blanda

225 g/8 oz/2 tazas de harina para todo uso

225 g/8 oz/2 tazas de harina integral (trigo integral).

450 g/1 lb/2 tazas de azúcar morena suave

350 g/12 oz/1 taza de jarabe negro (melaza)

10 ml/2 cucharaditas de bicarbonato de sodio (polvo para hornear)

450 ml/¾ pt/2 tazas de agua hirviendo

Frote la mantequilla o la margarina en la harina hasta que la mezcla parezca pan rallado. Agrega el azúcar y reserva 100 g/4 oz/1 taza de la mezcla para la cobertura. Mezcle el jarabe, el bicarbonato de sodio y el agua y revuélvalos en la mezcla de harina hasta que se absorban los ingredientes secos. Verter en un molde para torta de 23 x 30 cm/9 x 12 engrasado y enharinado y espolvorear con la mezcla reservada. Hornee en un horno precalentado a 180 °C/350 °F/marca de gas 4 durante 35 minutos, hasta que al insertar un palillo en el centro, éste salga limpio. Servir tibio.

Rebanada de flan de Boston

Haz un pastel de 23 cm/9 pulgadas

100 g/4 oz/½ taza de mantequilla o margarina, blanda

225 g/8 oz/1 taza de azúcar en polvo (superfina)

2 huevos, ligeramente batidos

2,5 ml/½ cucharadita de esencia de vainilla (extracto)

175 g/6 oz/1½ tazas de harina leudante (autoleudante)

5 ml/1 cucharadita de levadura en polvo

Una pizca de sal

60 ml/4 cucharadas de leche

Relleno de crema pastelera

Bate la mantequilla o la margarina y el azúcar hasta que quede suave y esponjoso. Poco a poco agregue los huevos y la esencia de vainilla, batiendo bien después de cada adición. Mezclar la harina, la levadura y la sal y añadir a la mezcla alternando con la leche. Vierta en un molde para pastel de 23 cm / 9 engrasado y enharinado y hornee en un horno precalentado a 180 ° C / 350 ° F / marca de gas 4 durante 30 minutos hasta que esté firme al tacto. Cuando se haya enfriado, corta el bizcocho en horizontal y coloca las dos mitades junto con el relleno de crema pastelera.

Torta montaña blanca americana

Haz un pastel de 23 cm/9 pulgadas

225 g/8 oz/1 taza de mantequilla o margarina, blanda

450 g/1 lb/2 tazas de azúcar en polvo (super fina).

3 huevos, ligeramente batidos

350 g/12 oz/3 tazas de harina leudante (autoleudante)

15 ml/1 cucharada de levadura en polvo

1,5 ml/¼ de cucharadita de sal

250 ml/8 fl oz/1 taza de leche

5 ml/1 cucharadita esencia de vainilla (extracto)

5 ml/1 cucharadita de esencia de almendras (extracto)

Para el relleno de limón:

45 ml/3 cucharadas de harina de maíz (fécula de maíz)

75 g/3 oz/1/3 taza de azúcar en polvo (superfina)

1,5 ml/¼ de cucharadita de sal

300 ml/½ pt/1¼ tazas de leche

25 g/1 oz/2 cucharadas de mantequilla o margarina

90 ml/6 cucharadas de jugo de limón

5 ml/1 cucharadita de cáscara de limón rallada

Para el glaseado:

350 g/12 oz/1½ tazas de azúcar en polvo (super fina).

Una pizca de sal

2 claras de huevo

75 ml/5 cucharadas de agua fría

15 ml/1 cucharada de jarabe dorado (maíz claro)

5 ml/1 cucharadita esencia de vainilla (extracto)

175 g/6 oz/1½ tazas de coco deshidratado (rallado)

Bate la mantequilla o la margarina y el azúcar hasta que quede suave y esponjoso. Incorporar poco a poco los huevos, mezclar la harina, la levadura y la sal, añadir a la mezcla de nata alternando con la leche y las esencias. Vierta la mezcla en tres moldes para pasteles de 23 cm / 9 engrasados y forrados y hornee en un horno precalentado a 180 ° C / 350 ° F / marca de gas 4 durante 30 minutos, hasta que un palillo insertado en el centro salga limpio. Dejar enfriar.

Para hacer el relleno, mezcle la harina de maíz, el azúcar y la sal, luego agregue la leche hasta que se mezclen. Añadir mantequilla o margarina en trozos y batir a fuego lento durante aprox. 2 minutos hasta que espese. Agregue el jugo de limón y la ralladura.Deje enfriar y enfríe.

Para hacer el glaseado, combine todos los ingredientes excepto la esencia de vainilla y el coco en un recipiente resistente al calor sobre una cacerola con agua ligeramente hirviendo. Batir durante unos 5 minutos hasta que esté firme. Agregue la esencia de vainilla y bata por otros 2 minutos.

Para armar el pastel, extienda la capa inferior con la mitad del relleno de limón y espolvoree con 25 g/1 oz/¼ de taza de coco. Repita con la segunda capa. Extienda el glaseado sobre la parte superior y los lados del pastel y espolvoree con el coco restante.

pastel americano de suero de leche

Haz un pastel de 23 cm/9 pulgadas

100 g/4 oz/½ taza de mantequilla o margarina, blanda

225 g/8 oz/1 taza de azúcar en polvo (superfina)

2 huevos, ligeramente batidos

5 ml/1 cucharadita de cáscara de limón rallada

5 ml/1 cucharadita esencia de vainilla (extracto)

225 g/8 oz/2 tazas de harina leudante (autoleudante)

5 ml/1 cucharadita de levadura en polvo

5 ml/1 cucharadita de bicarbonato de sodio (polvo para hornear)

Una pizca de sal

250 ml/8 fl oz/1 taza de suero de leche

relleno de limon

Bate la mantequilla o la margarina y el azúcar hasta que quede suave y esponjoso. Batir poco a poco los huevos, luego agregar la ralladura de limón y la esencia de vainilla, mezclar la harina, el polvo de hornear, el bicarbonato de sodio y la sal y agregar a la mezcla alternando con el suero de leche. Batir bien hasta que quede suave. Vierta la mezcla en dos moldes para pastel de 23 cm / 9 engrasados y enharinados y hornee en un horno precalentado a 180 ° C / 350 ° F / marca de gas 4 durante 25 minutos, hasta que esté firme al tacto. Dejar enfriar en los moldes durante 5 minutos antes de desmoldar sobre una rejilla para que termine de enfriarse. Cuando se haya enfriado, untarlo junto con el relleno de limón.

Torta caribeña de jengibre y ron

Haz un pastel de 20 cm/8 pulgadas

50 g/2 oz/¼ taza de mantequilla o margarina

120 ml/4 fl oz/½ taza de jarabe negro (melaza)

1 huevo, ligeramente batido

60 ml/4 cucharadas de ron

100 g/4 oz/1 taza de harina leudante (autoleudante)

10 ml/2 cucharaditas de jengibre molido

75 g/3 oz/1/3 taza de azúcar morena suave

25 g/1 oz de jengibre cristalizado (confitado), picado

Derrita la mantequilla o la margarina con el almíbar a fuego lento, luego deje que se enfríe un poco. Agregue los ingredientes restantes para hacer una masa suave. Vierta en un molde de 20 cm/8 anillos engrasado y forrado y hornee en un horno precalentado a 200 °C/400 °F/nivel de gas 6 durante 20 minutos, hasta que esté bien levantado y firme al tacto.

tarta sacher

Haz un pastel de 20 cm/8 pulgadas

200 g/7 oz/1¾ tazas de chocolate natural (semidulce)

8 huevos, separados

100 g/4 oz/½ taza de mantequilla sin sal (dulce), derretida

2 claras de huevo

Una pizca de sal

150 g/5 oz/2/3 taza de azúcar en polvo (super fina).

Unas gotas de esencia de vainilla (extracto)

100 g/4 oz/1 taza de harina para todo uso

Para el glaseado (frosting):

150 g/5 oz/1¼ tazas de chocolate natural (semidulce)

250 ml/8 fl oz/1 taza de crema simple (ligera)

175 g/6 oz/¾ taza de azúcar en polvo (super fina).

Unas gotas de esencia de vainilla (extracto)

1 huevo batido

100 g/4 oz/1/3 taza de mermelada de albaricoque (en conserva), colada

Derrita el chocolate en un recipiente resistente al calor sobre una cacerola con agua ligeramente hirviendo. Alejar del calor. Bate ligeramente las yemas de huevo junto con la mantequilla, luego revuélvelas en el chocolate derretido. Batir todas las claras de huevo y la sal a punto de nieve, luego agregar gradualmente el azúcar y la esencia de vainilla y continuar batiendo hasta que la mezcla forme picos rígidos. Agregue gradualmente la mezcla de chocolate, luego agregue la harina, vierta la mezcla en dos moldes para pasteles de 20 cm / 8 engrasados y forrados y hornee en un horno precalentado a 180 ° C / 350 ° F / marca de gas 4 durante

45 minutos, hasta que un la brocheta, que se pone en medio, sale limpia. Desmolde sobre una rejilla y deje enfriar.

Para hacer el glaseado, derrita el chocolate con la crema, el azúcar y la esencia de vainilla a fuego medio hasta que estén bien combinados, luego cocine a fuego lento durante 5 minutos sin revolver. Mezcle unas cucharadas de la mezcla de chocolate con el huevo, luego agregue el chocolate y cocine por 1 minuto, revolviendo. Retire del fuego y deje enfriar a temperatura ambiente.

Sandwich los pasteles junto con la mermelada de albaricoque. Cubre todo el pastel con el glaseado de chocolate, nivela la superficie con una espátula o espátula. Deje que se enfríe, luego refrigere por varias horas hasta que se endurezca el glaseado.

Pastel de frutas con ron caribeño

Haz un pastel de 20 cm/8 pulgadas

450 g/1 lb/22/3 tazas de mezcla de frutas secas (mezcla para pastel de frutas)

225 g/8 oz/11/3 tazas sultanas (pasas doradas)

100 g/4 oz/2/3 taza de pasas

100 g/4 oz/2/3 taza de grosellas

50 g/2 oz/¼ taza de cerezas glaseadas (confitadas)

300 ml/½ pt/1¼ tazas de vino tinto

225 g/8 oz/1 taza de mantequilla o margarina, blanda

225 g/8 oz/1 taza de azúcar morena suave

5 huevos, ligeramente batidos

10 ml/2 cucharaditas de jarabe negro (melaza)

225 g/8 oz/2 tazas de harina para todo uso

50 g/2 oz/½ taza de almendras molidas

5 ml/1 cucharadita de canela molida

5 ml/1 cucharadita de nuez moscada rallada

5 ml/1 cucharadita esencia de vainilla (extracto)

300 ml/½ pt/1¼ tazas de ron

Poner toda la fruta y el vino en una cacerola y llevar a ebullición. Reduzca el fuego a bajo, cubra y deje durante 15 minutos, luego retire del fuego y deje que se enfríe. Batir la mantequilla o margarina y el azúcar hasta que quede suave y esponjosa, luego mezclar gradualmente los huevos y el almíbar. Incorporar los ingredientes secos. Incorporar la mezcla de frutas, la esencia de vainilla y 45 ml/3 cucharadas de ron. Verter en un recipiente engrasado y engrasado. molde para pastel de 20 cm/8 forrado y hornee en horno precalentado a 160°C/325°F/nivel de gas 3 durante 3 horas, hasta que suba bien y al insertar un palillo en el centro, éste salga limpio. . Dejar enfriar en el molde 10 minutos y desmoldar sobre una rejilla para que termine de enfriarse. Perfore la parte superior del pastel con un pincho fino y vierta el ron restante sobre él. Envolver en papel aluminio y dejar madurar el mayor tiempo posible.

Pastel de mantequilla danés

Haz un pastel de 23 cm/9 pulgadas

225 g/8 oz/1 taza de mantequilla o margarina, cortada en cubitos

175 g/6 oz/1½ tazas de harina normal (para todo uso)

40 g/1½ oz de levadura fresca o 60 ml/4 cucharadas de levadura seca

15 ml/1 cucharada de azúcar granulada

1 huevo batido

½ cantidad de relleno de crema danesa

60 ml/4 cucharadas de azúcar en polvo (glas), tamizado

45 ml/3 cucharadas de grosellas

Frote 100 g/4 oz/½ taza de mantequilla o margarina en la harina. Revuelva la levadura y el azúcar granulada, luego agréguelo a la harina y la mantequilla con el huevo y mezcle hasta obtener una masa suave. Cubra y deje en un lugar cálido durante aproximadamente 1 hora hasta que doble su tamaño.

Volcar sobre una superficie enharinada y amasar bien. Estirar un tercio de la masa y forrar la base de un molde para pastel (bandeja) engrasado de 23 cm/9 de fondo suelto. Extienda el relleno de crema pastelera sobre la masa.

Estirar la masa restante en un rectángulo de aprox. 5 mm/¼ de espesor. Mezcle el resto de la mantequilla o margarina y el azúcar glas, luego mezcle las grosellas, extiéndalo sobre la masa, dejando un espacio alrededor de los bordes, luego enrolle la masa por el lado corto. Cortar en rodajas y colocar sobre el relleno de crema pastelera. Tapar y dejar leudar en un lugar cálido durante aproximadamente 1 hora. Hornee en un horno precalentado a 230°C/450°F/marca de gas 8 durante 25-30 minutos, hasta que suba y esté dorado por encima.

Tarta danesa de cardamomo

Hace un pastel de 900 g / 2 lb

225 g/8 oz/1 taza de mantequilla o margarina, blanda

225 g/8 oz/1 taza de azúcar en polvo (superfina)

3 huevos

350 g/12 oz/3 tazas de harina para todo uso

10 ml/2 cucharaditas de levadura en polvo

10 semillas de cardamomo, trituradas

150 ml/¼ pt/2/3 taza de leche

45 ml/3 cucharadas de pasas

45 ml/3 cucharadas de cáscara picada mixta (confitada)

Bate la mantequilla o la margarina y el azúcar hasta que quede suave y esponjoso. Agregue los huevos, poco a poco, batiendo bien después de cada adición. Agregue la harina, el polvo para hornear y el cardamomo. Agregue gradualmente la leche, las pasas y la ralladura mezclada. Vierta en un molde para pan de 900 g / 2 lb engrasado y forrado y hornee en un horno precalentado a 190 ° C / 375 ° F / marca de gas 5 durante 50 minutos, hasta que al clavar un palillo en el centro, éste salga limpio.

Tarta Pithiviers

Haz un pastel de 25 cm/10 pulgadas

100 g/4 oz/½ taza de mantequilla o margarina, blanda

100 g/4 oz/½ taza de azúcar en polvo (superfina)

1 huevo

1 yema de huevo

100 g/4 oz/1 taza de almendras molidas

30 ml/2 cucharadas de ron

400 g / 14 oz de hojaldre

Para el glaseado:

1 huevo batido

30 ml/2 cucharadas de azúcar glas (glaseado) azúcar

Bate la mantequilla o la margarina y el azúcar hasta que quede suave y esponjoso. Batir el huevo y la yema, luego batir las almendras y el ron.Extender la mitad de la masa (pasta) sobre una superficie ligeramente enharinada y cortar en un círculo de 23 cm/9. Coloque en una bandeja para hornear humedecida y extienda el relleno sobre la masa a 1 cm del borde. Extienda la masa restante y córtela en un círculo de 25 cm/10. Corta un anillo de 1 cm/½ del borde de este círculo. Pintar con agua el borde de la base de hojaldre y presionar el anillo alrededor del borde, empujándolo suavemente para que encaje. Cepille con agua y presione el segundo círculo sobre la parte superior, sellando los bordes. Sellar y rasgar los bordes. Cepille la parte superior con huevo batido, luego marque un patrón de cortes radiales en la parte superior con la hoja de un cuchillo. Hornee en un horno precalentado a 220°C/425°F/nivel de gas 7 durante 30 minutos hasta que suba y se dore. Tamizar el azúcar glas por encima y volver al horno durante 5 minutos más hasta que quede brillante. Servir caliente o frío.

Torta de reyes

Haz un pastel de 18 cm/7 pulgadas

250 g/9 oz/2¼ tazas de harina para todo uso

5 ml/1 cucharadita de sal

200 g/7 oz/pequeño 1 taza de mantequilla sin sal (dulce), cortada en cubitos

175 ml/6 fl oz/¾ taza de agua

1 huevo

1 clara de huevo

En un bol ponemos la harina y la sal y hacemos un hueco en el centro. Agregue 75 g/1/3 taza de mantequilla, agua y huevo entero y mezcle hasta obtener una masa suave. Cubra y deje por 30 minutos.

Estirar la masa en un rectángulo largo sobre una superficie ligeramente enharinada. Unte dos tercios de la masa con un tercio de la mantequilla restante. Dobla la masa descubierta sobre la mantequilla, luego dobla la masa restante sobre la parte superior. Selle los bordes y refrigere por 10 minutos. Estire la masa nuevamente y repita con la mitad de la mantequilla restante. Deje enfriar, extienda y agregue la mantequilla restante, luego enfríe durante los últimos 10 minutos.

Estirar la masa hasta obtener un círculo de 2,5 cm/1 de grosor de aprox. 18 cm/7 de diámetro. Colóquelos en una bandeja para hornear engrasada, cepille con clara de huevo y déjelos por 15 minutos. Hornee en un horno precalentado a 180°C/350°F/marca de gas 4 durante 15 minutos hasta que suba y se dore.

Crema de caramelo

Haz un pastel de 15 cm/6 pulgadas

Para el caramelo:

100 g/4 oz/½ taza de azúcar en polvo (superfina)

150 ml/¼ pt/2/3 taza de agua

Para la crema pastelera:

600 ml/1 pt/2½ tazas de leche

4 huevos, ligeramente batidos

15 ml/1 cucharada de azúcar de caña (super fina).

1 naranja

Para hacer el caramelo, coloque el azúcar y el agua en una cacerola pequeña y disuelva a fuego lento. Llevar a ebullición, luego cocinar sin remover durante aprox. 10 minutos hasta que el jarabe adquiera un rico color dorado. Verter en una fuente para soufflé de 15 cm/6 e inclinar la fuente para que el caramelo fluya por el fondo.

Para hacer natillas, caliente la leche, viértala sobre los huevos y el azúcar y mezcle bien. Verter en el plato. Coloque el plato en una fuente para horno (bandeja) con agua caliente hasta la mitad de los lados del plato. Hornee en un horno precalentado a 170°C/325°F/gas marca 3 durante 1 hora hasta que cuaje. Dejar enfriar antes de desmoldar en un plato. Pelar la naranja y cortarla horizontalmente, luego cortar cada rodaja por la mitad. Colocar alrededor del caramelo para decorar.

Gugelhopf

Haz un pastel de 20 cm/8 pulgadas

25 g/1 oz de levadura fresca o 40 ml/2½ cucharadas de levadura seca

120 ml/4 fl oz/½ taza de leche tibia

100 g/4 oz/2/3 taza de pasas

15 ml/1 cucharada de ron

450 g/1 libra/4 tazas de harina normal pesada (de pan)

5 ml/1 cucharadita de sal

Una pizca de nuez moscada rallada

100 g/4 oz/½ taza de azúcar en polvo (superfina)

cáscara rallada de 1 limón

175 g/6 oz/¾ taza de mantequilla o margarina, blanda

3 huevos

100 g/4 oz/1 taza de almendras blanqueadas

Azúcar glas (de repostería) para secar

Mezcla la levadura con un poco de la leche tibia y déjala en un lugar tibio por 20 minutos hasta que esté espumosa. Pon las pasas en un bol, espolvorea con ron y déjalas en remojo. En un bol ponemos la harina, la sal y la nuez moscada, incorporamos el azúcar y la ralladura de limón, hacemos un hueco en el centro, vertemos la mezcla de levadura, el resto de la leche, la mantequilla o margarina y los huevos y mezclamos hasta formar una masa. . Colocar en un recipiente aceitado, cubrir con film transparente aceitado (envoltura de plástico) y dejar en un lugar cálido durante 1 hora hasta que doble su tamaño. Engrase generosamente un molde de gugelhopf de 20 cm (8 pulgadas) y coloque las almendras alrededor de la base. Amasar las pasas y el ron en la masa levantada y mezclar bien. Verter la mezcla en el molde, tapar y dejar en un lugar cálido durante 40 minutos, hasta que la masa casi haya duplicado su volumen y llegue al borde del molde. Hornee en un horno precalentado a 200°C/400°F/marca de gas 6 durante 45 minutos, hasta que al insertar un palillo en el centro, éste salga limpio. Cubra con una capa doble de papel resistente a la grasa (encerado) hacia el final de la cocción si el pastel está demasiado dorado. Desmolde y deje enfriar, luego espolvoree con azúcar glas.

Gugelhopf de chocolate de lujo

Haz un pastel de 20 cm/8 pulgadas

25 g/1 oz de levadura fresca o 40 ml/2½ cucharadas de levadura seca

120 ml/4 fl oz/½ taza de leche tibia

50 g/2 oz/1/3 taza de pasas

50 g/2 oz/1/3 taza de grosellas

25 g/1 oz/3 cucharadas de cáscara picada mixta (confitada)

15 ml/1 cucharada de ron

450 g/1 libra/4 tazas de harina normal pesada (de pan)

5 ml/1 cucharadita de sal

5 ml/1 cucharadita molida para todo uso

Una pizca de jengibre molido

100 g/4 oz/½ taza de azúcar en polvo (superfina)

cáscara rallada de 1 limón

175 g/6 oz/¾ taza de mantequilla o margarina, blanda

3 huevos

Para la cobertura:

60 ml/4 cucharadas de mermelada de albaricoque (conserva), tamizada (tamizada)

30 ml/2 cucharadas de agua

100 g/4 oz/1 taza de chocolate normal (semidulce)

50 g/2 oz/½ taza de almendras en hojuelas, tostadas

Mezcla la levadura con un poco de la leche tibia y déjala en un lugar tibio por 20 minutos hasta que esté espumosa. Poner las pasas, las grosellas y la piel mixta en un bol, espolvorear con ron y dejar en infusión. Poner la harina, la sal y las especias en un bol y añadir el azúcar y la ralladura de limón, hacer un hueco en el centro, verter la mezcla de levadura, el resto de la leche y los huevos y trabajar juntos hasta formar una masa. Colocar en un recipiente aceitado, cubrir con film transparente aceitado (envoltura de plástico) y dejar en un lugar cálido durante 1 hora hasta que doble su tamaño. Amasar la fruta y el ron en la masa levantada y mezclar bien. Vierta la mezcla en un gugelhopf de 20 cm/8 bien engrasado, cubra y deje en un lugar cálido durante 40 minutos, hasta que la masa casi haya duplicado su volumen y haya alcanzado la parte superior de la lata. Hornee en un horno precalentado a 200°C/400°F/gas marca 6 durante 45 minutos, hasta que un palillo insertado en el centro salga limpio. Cubra con una doble capa de papel absorbente (encerado) hacia el final de la cocción si el bizcocho se está dorando demasiado. Desmoldar y dejar enfriar.

Calentar la mermelada con el agua sin dejar de remover hasta que se mezcle bien. Cepille sobre el pastel. Derrita el chocolate en un recipiente resistente al calor sobre una cacerola con agua ligeramente hirviendo. Extender sobre el bizcocho y presionar las almendras laminadas alrededor de la base antes de que cuaje el chocolate.

el robado

Rinde tres pasteles de 350 g/12 oz

15 g/½ oz de levadura fresca o 20 ml/4 cucharaditas de levadura seca

15 ml/1 cucharada de azúcar de caña (super fina).

120 ml/4 fl oz/½ taza de agua caliente

25 g/1 oz/¼ de taza de harina normal espesa (de pan)

Para la masa de frutas:

450 g/1 libra/4 tazas de harina normal pesada (de pan)

5 ml/1 cucharadita de sal

75 g/3 oz/1/3 taza de azúcar demerara

1 huevo, ligeramente batido

225 g/8 oz/11/3 tazas de pasas

30 ml/2 cucharadas de ron

50 g/2 oz/1/3 taza de cáscara picada mixta (confitada)

50 g/2 oz/½ taza de almendras molidas

5 ml/1 cucharadita de canela molida

100 g/4 oz/½ taza de mantequilla o margarina, derretida

175g/6oz pasta de almendras

Para el glaseado:

1 huevo, ligeramente batido

75 g/3 oz/1/3 taza de azúcar en polvo (superfina)

90 ml/6 cucharadas de agua

50 g/2 oz/½ taza de almendras en hojuelas

Azúcar glas (de repostería) para secar

Para hacer la mezcla de levadura, mezcle la levadura y el azúcar en una pasta con el agua tibia y la harina. Dejar en un lugar cálido durante 20 minutos hasta que esté espumoso.

Para hacer la masa de frutas, en un bol ponemos la harina y la sal, incorporamos el azúcar y hacemos un hueco en el centro. Agregue el huevo con la mezcla de levadura y mezcle hasta obtener una masa suave. Agregue las pasas, el ron, la cáscara mixta, las almendras molidas y la canela y amase hasta que estén bien combinados y suaves. Colocar en un recipiente aceitado, cubrir con film transparente aceitado (envoltura de plástico) y dejar en un lugar cálido durante 30 minutos.

Divida la masa en tres y extiéndala en rectángulos de aprox. 1 cm/½ de espesor. Cepille la mantequilla por encima. Divide la masa de almendras en tercios y enróllala en forma de salchicha. Coloque uno en el centro de cada rectángulo y doble la masa sobre la parte superior. Voltee la costura hacia abajo y colóquela en una bandeja para hornear engrasada. Pintar con huevo, cubrir con film transparente aceitado (papel plástico) y dejar en un lugar cálido durante 40 minutos hasta que doble su tamaño.

Hornee en un horno precalentado a 220°C/425°F/gas marca 7 durante 30 minutos hasta que estén doradas.

Mientras tanto, hierva el azúcar junto con el agua durante 3 minutos hasta obtener un almíbar espeso. Cepille la parte superior de cada stollen con el almíbar y espolvoree con almendras laminadas y azúcar glas.

mandel stollen

Rinde dos panes de 450 g/1 lb

15 g/½ oz de levadura fresca o 20 ml/4 cucharaditas de levadura seca

50 g/2 oz/¼ taza de azúcar en polvo (superfina)

300 ml/½ pt/1¼ tazas de leche tibia

1 huevo

cáscara rallada de 1 limón

Una pizca de nuez moscada rallada

450 g/1 lb/4 tazas de harina para todo uso

Una pizca de sal

100 g/4 oz/2/3 taza de cáscara picada mixta (confitada)

175 g/6 oz/1½ tazas de almendras picadas

50 g/2 oz/¼ taza de mantequilla o margarina, derretida

75 g/3 oz/½ taza de azúcar en polvo, tamizada, para secar

Mezclar la levadura con 5ml/1 cucharadita de azúcar y un poco de leche tibia y dejar en un lugar tibio por 20 minutos hasta que esté espumoso. Bate el huevo con el resto del azúcar, la ralladura de limón y la nuez moscada, luego mézclalo con la mezcla de levadura con la harina, la sal y el resto de la leche tibia y mézclalo hasta obtener una masa suave. Colocar en un recipiente aceitado, cubrir con film transparente aceitado (envoltura de plástico) y dejar en un lugar cálido durante 30 minutos.

Amasar en la mezcla de cáscara y almendras, tapar nuevamente y dejar en un lugar cálido durante 30 minutos hasta que doble su tamaño.

Divide la masa por la mitad. Enrolle una mitad en forma de salchicha de 30 cm/12 pulgadas. Presione el rodillo en el centro para hacer una inmersión, luego doble un lado a lo largo y

presione suavemente hacia abajo. Repita con la otra mitad.
Coloque ambos en una bandeja para hornear engrasada y forrada,
cubra con una película adhesiva aceitada (envoltura de plástico) y
déjelos en un lugar cálido durante 25 minutos hasta que dupliquen
su tamaño. Hornee en un horno precalentado a 200°C/400°F/nivel
de gas 6 durante 1 hora, hasta que esté dorado y al insertar un
palillo en el centro, éste salga limpio. Pintar generosamente el pan
caliente con la mantequilla derretida y espolvorear con azúcar
glas.

Stollen de pistacho

Rinde dos panes de 450 g/1 lb

15 g/½ oz de levadura fresca o 20 ml/4 cucharaditas de levadura seca

50 g/2 oz/¼ taza de azúcar en polvo (superfina)

300 ml/½ pt/1¼ tazas de leche tibia

1 huevo

cáscara rallada de 1 limón

Una pizca de nuez moscada rallada

450 g/1 lb/4 tazas de harina para todo uso

Una pizca de sal

100 g/4 oz/2/3 taza de cáscara picada mixta (confitada)

100 g/4 oz/1 taza de pistachos picados

100g/4oz de pasta de almendras

15 ml/1 cucharada de licor de marrasquino

50 g/2 oz/1/3 taza de azúcar en polvo, tamizada

Para la cobertura:

50 g/2 oz/¼ taza de mantequilla o margarina, derretida

75 g/3 oz/½ taza de azúcar en polvo, tamizada, para secar

Mezclar la levadura con 5ml/1 cucharadita de azúcar y un poco de leche tibia y dejar en un lugar tibio por 20 minutos hasta que esté espumoso. Bate el huevo con el resto del azúcar, la ralladura de limón y la nuez moscada, luego mézclalo con la mezcla de levadura con la harina, la sal y el resto de la leche tibia y mézclalo hasta obtener una masa suave. Colocar en un recipiente aceitado, cubrir con film transparente aceitado (envoltura de plástico) y dejar en un lugar cálido durante 30 minutos.

Amasar la cáscara mixta y los pistachos, tapar de nuevo y dejar en un lugar cálido durante 30 minutos hasta que doble su tamaño. Trabajar la masa de almendras, el licor y el azúcar glas hasta formar una pasta, estirar a 1 cm/½ de espesor y cortar en cubos. Trabaje en la masa para que los cubos permanezcan enteros.

Divide la masa por la mitad. Enrolle una mitad en forma de salchicha de 30 cm/12 pulgadas. Presione el rodillo en el centro para hacer una inmersión, luego doble un lado a lo largo y presione suavemente hacia abajo. Repita con la otra mitad. Coloque ambos en una bandeja para hornear engrasada y forrada, cubra con una película adhesiva aceitada (envoltura de plástico) y déjelos en un lugar cálido durante 25 minutos hasta que dupliquen su tamaño. Hornee en un horno precalentado a 200°C/400°F/nivel de gas 6 durante 1 hora, hasta que esté dorado y al insertar un palillo en el centro, éste salga limpio. Pintar generosamente el pan caliente con la mantequilla derretida y espolvorear con azúcar glas.

baklava

hacer 24

450 g/1 lb/2 tazas de azúcar en polvo (super fina).

300 ml/½ pinta/1¼ tazas de agua

5 ml/1 cucharadita de jugo de limón

30 ml/2 cucharadas de agua de rosas

350 g/12 oz/1½ tazas de mantequilla sin sal (dulce), derretida

450 g/1 libra de masa filo (pasta)

675 g/1½ lb/6 tazas de almendras, finamente picadas

Para hacer el almíbar, disuelva el azúcar en el agua a fuego lento, revolviendo ocasionalmente. Añadir el jugo de limón y llevar a ebullición. Cocine por 10 minutos hasta que esté almibarado, luego agregue el agua de rosas y deje enfriar, luego refrigere.

Cepille un molde para hornear grande con mantequilla derretida. Coloque la mitad de las hojas de filo en la lata y cepille cada una con mantequilla. Dobla los bordes para sostener el relleno. Extiende las almendras por encima. Continúe colocando en capas la masa restante, untando cada hoja con mantequilla derretida. Cepille la parte superior generosamente con mantequilla. Cortar la masa en pastillas con un ancho de aprox. 5cm Hornee en un horno precalentado a 180°C/350°F/nivel de gas 4 durante 25 minutos hasta que estén crujientes y doradas. Vierta el almíbar frío por encima y deje enfriar.

Remolinos de estrés húngaro

hacer 16

25 g/1 oz de levadura fresca o 40 ml/2½ cucharadas de levadura seca

15 ml/1 cucharada de azúcar moreno suave

300 ml/½ pt/1¼ tazas de agua caliente

15 ml/1 cucharada de mantequilla o margarina

450 g/1 lb/4 tazas de harina de trigo integral.

15 ml/1 cucharada de leche en polvo (leche descremada en polvo)

5 ml/1 cucharadita de especias mixtas molidas (pastel de manzana)

2,5 ml/½ cucharadita de sal

1 huevo

175 g/6 oz/1 taza de grosellas

100 g/4 oz/2/3 taza de sultanas (pasas doradas)

50 g/2 oz/1/3 taza de pasas

50 g/2 oz/1/3 taza de cáscara picada mixta (confitada)

Para la cobertura:

75 g/3 oz/¾ taza de harina integral (trigo integral).

50 g/2 oz/¼ taza de mantequilla o margarina, derretida

75 g/3 oz/1/3 taza de azúcar morena suave

25 g/1 oz/¼ taza de semillas de sésamo

Para el llenado:

50 g/2 oz/¼ taza de azúcar morena suave

50 g/2 oz/¼ taza de mantequilla o margarina, blanda

50 g/2 oz/½ taza de almendras molidas

2,5 ml/½ cucharadita de nuez moscada rallada

25 g/2 oz/1/3 taza de ciruelas pasas sin hueso (sin hueso), picadas

1 huevo batido

Mezclar la levadura y el azúcar junto con un poco de agua tibia y dejar en un lugar cálido durante 10 minutos hasta que esté espumoso. Frote la mantequilla o la margarina en la harina, luego agregue la leche en polvo, la mezcla de especias y la sal y haga un hueco en el centro. Agregue el huevo, la mezcla de levadura y el agua tibia restante y mezcle hasta obtener una masa. Amasar hasta que esté suave y elástica. Amasar las pasas de Corinto, las sultanas, las pasas y la piel mixta.Ponerlo en un recipiente aceitado, cubrir con film transparente aceitado (envoltura de plástico) y dejar en un lugar cálido durante 1 hora.

Mezcle los ingredientes de la cobertura hasta que se desmoronen. Para hacer el relleno, bata la mantequilla o margarina y el azúcar, luego mezcle las almendras y la nuez moscada, extienda la masa en un rectángulo grande de aprox. 1 cm/½ de espesor. Untar con el relleno y espolvorear con las ciruelas pasas. Enrolle como un rollo suizo (gelatina), cepille los bordes con huevo para sellar. Cortar en rodajas de 2,5 cm/1 y colocar en una fuente de horno poco profunda engrasada (forma). Pintar con huevo y espolvorear con la mezcla de cobertura. Tapar y dejar leudar en un lugar tibio durante 30 minutos. Hornee en un horno precalentado a 220°C/425°F/gas marca 7 durante 30 minutos.

Panfort

Haz un pastel de 23 cm/9 pulgadas

175 g/6 oz/¾ taza de azúcar granulada

175 g/6 oz/½ taza de miel clara

100 g/4 oz/2/3 taza de higos secos picados

100 g/4 oz/2/3 taza de cáscara picada mixta (confitada)

50 g/2 oz/¼ taza de cerezas confitadas (confitadas), picadas

50 g/2 oz/¼ taza de piña confitada (glacé), picada

175 g/6 oz/1½ tazas de almendras blanqueadas, picadas en trozos grandes

100 g/4 oz/1 taza de nueces, picadas en trozos grandes

100 g/4 oz/1 taza de avellanas, picadas en trozos grandes

50 g/2 oz/½ taza de harina para todo uso

25 g/1 oz/¼ taza de cacao (chocolate sin azúcar) en polvo

5 ml/1 cucharadita de canela molida

Una pizca de nuez moscada rallada

15 ml/1 cucharada de azúcar en polvo (azúcar de repostería), tamizada

Disuelva el azúcar granulada en la miel en una cacerola a fuego lento. Llevar a ebullición y cocinar por 2 minutos hasta obtener un almíbar espeso. Mezclar la fruta y los frutos secos, añadir la harina, el cacao y las especias, añadir el almíbar, verter la mezcla en un molde para bocadillos de 23 cm/9 engrasado y forrado con papel de arroz. Hornee en un horno precalentado a 180°C/350°F/gas marca 4 durante 45 minutos. Dejar enfriar en el molde durante 15 minutos, luego desmoldar sobre una rejilla para que se enfríe. Espolvorear con azúcar glas antes de servir.

Pastel de cinta de pasta

Haz un pastel de 23 cm/9 pulgadas

300 g/11 oz/2¾ tazas de harina para todo uso

50 g/2 oz/¼ taza de mantequilla o margarina, derretida

3 huevos batidos

Una pizca de sal

225 g/8 oz/2 tazas de almendras picadas

200 g/7 oz/pequeño 1 taza de azúcar extrafino (superfino)

Corteza rallada y jugo de 1 limón

90 ml/6 cucharadas de kirsch

Poner la harina en un bol y hacer un hueco en el centro. Agregue la mantequilla, los huevos y la sal y mezcle hasta obtener una masa suave. Estirar finamente y cortar en tiras estrechas. Mezcla las almendras, el azúcar y la ralladura de limón. Engrasar un molde para tartas de 23 cm/9 y espolvorear con harina. Colocar una capa de tiras de pasta en el fondo del molde, espolvorear con un poco de la mezcla de almendras y rociar con un poco de kirsch. Continúe colocando capas, terminando con una capa de pasta. Cubra con papel vegetal enmantecado (encerado) y hornee a 180°C/350°F/nivel de gas 4 durante 1 hora. Desmoldar con cuidado y servir tibio o frío.

Pastel de arroz italiano con Grand Marnier

Haz un pastel de 20 cm/8 pulgadas

1,5 litros/2½ pts/6 tazas de leche

Una pizca de sal

350 g/12 oz/1½ tazas de arroz arborio u otro arroz de grano medio

cáscara rallada de 1 limón

60 ml/4 cucharadas de azúcar extrafino (superfino).

3 huevos

25 g/1 oz/2 cucharadas de mantequilla o margarina

1 yema de huevo

30 ml/2 cucharadas de cáscara picada mixta (confitada)

225 g/8 oz/2 tazas de almendras rebanadas (en copos), tostadas

45 ml/3 cucharadas de Grand Marnier

30 ml/2 cucharadas de pan rallado seco

Lleve a ebullición la leche y la sal en una cacerola pesada, agregue el arroz y la ralladura de limón, cubra y cocine a fuego lento durante 18 minutos, revolviendo ocasionalmente. Retire del fuego y agregue el azúcar, los huevos y la mantequilla o margarina y déjelo reposar tibio. Batir la yema de huevo, la cáscara mixta, las nueces y el Grand Marnier.Engrasar un molde para pastel de 20 cm/8 y espolvorear con pan rallado. Vierta la mezcla en el molde y hornee en horno precalentado a 150 °C/300 °F/nivel de gas 2 durante 45 minutos, hasta que al insertar un palillo en el centro, éste salga limpio. Dejar enfriar en el molde, luego desmoldar y servir tibio.

Tarta siciliana de champiñones

Hace una torta de 23 x 9 cm/7 x 3½

Pastel de Madeira de 450 g/1 libra

Para el llenado:

450 g/1 libra/2 tazas de queso ricotta

50 g/2 oz/¼ taza de azúcar en polvo (superfina)

30 ml/2 cucharadas de crema doble (pesada)

30 ml/2 cucharadas de cáscara picada mixta (confitada)

15 ml/1 cucharada de almendras picadas

30 ml/2 cucharadas de licor de naranja

50g/2oz /½ taza de chocolate natural (semidulce), rallado

Para el glaseado (frosting):

350 g/12 oz/3 tazas de chocolate natural (semidulce)

175 ml/6 fl oz/¾ taza de café negro fuerte

225 g/8 oz/1 taza de mantequilla o margarina sin sal (dulce)

Cortar el bizcocho a lo largo en rebanadas de 1 cm/½. Para hacer el relleno, presione la ricota a través de un colador (tamiz), luego bata hasta que quede suave. Agregue el azúcar, la crema, la cáscara mixta, las almendras, el licor y el chocolate.Acomode las capas de la mezcla de pastel y ricotta en un molde para pan de 450 g/1 lb forrado con papel de aluminio y termine con una capa de pastel. Dobla el papel aluminio sobre la parte superior y refrigera por 3 horas hasta que esté firme.

Para hacer el glaseado, derrita el chocolate y el café en un recipiente resistente al calor sobre una cacerola con agua ligeramente hirviendo. Agregue la mantequilla o la margarina y continúe batiendo hasta que la mezcla esté suave. Deja que se enfríe hasta que espese.

Retire el pastel del papel de aluminio y colóquelo en un plato. Coloque o extienda el glaseado sobre la parte superior y los lados del pastel, marcando patrones con un tenedor si lo desea. Enfriar hasta que esté firme.

Pastel de ricota italiano

Haz un pastel de 25 cm/10 pulgadas

Para la salsa:

225g/8oz de frambuesas

250 ml/8 fl oz/1 taza de agua

50 g/2 oz/¼ taza de azúcar en polvo (superfina)

30 ml/2 cucharadas de harina de maíz (fécula de maíz)

Para el llenado:

450 g/1 lb/ 2 tazas de queso ricota

225 g/8 oz/1 taza de queso crema

75 g/3 oz/1/3 taza de azúcar en polvo (superfina)

5 ml/1 cucharadita esencia de vainilla (extracto)

cáscara rallada de 1 limón

cáscara rallada de 1 naranja

Un pastel de comida de ángel de 25 cm/10 in

Para hacer la salsa, haga puré los ingredientes hasta que quede suave, luego vierta en una cacerola pequeña y cocine a fuego medio, revolviendo, hasta que la salsa espese y hierva a fuego lento. Cuele y deseche las semillas si lo prefiere. Cubra y enfríe.

Para hacer el relleno, mezcle todos los ingredientes hasta que estén bien combinados.

Corta el bizcocho horizontalmente en tres capas y colócalas junto con dos tercios del relleno y extiende el resto por encima. Cubra y refrigere hasta servir con la salsa vertida por encima.

Pastel italiano de fideos

Haz un pastel de 23 cm/9 pulgadas

225g/8oz de fideos

4 huevos, separados

200 g/7 oz/pequeño 1 taza de azúcar extrafino (superfino)

225 g/8 oz de queso ricota

2,5 ml/½ cucharadita de canela molida

2,5 ml/½ cucharadita de clavo molido

Una pizca de sal

50 g/2 oz/½ taza de harina para todo uso

50 g/2 oz/1/3 taza de pasas

45 ml/3 cucharadas de miel clara

Crema simple (ligera) o doble (pesada) para servir

Ponga a hervir una olla grande de agua, agregue la pasta y cocine por 2 minutos. Escurra y enjuague con agua fría. Batir las yemas con el azúcar hasta que estén blanquecinas y esponjosas. Agregue la ricota, la canela, el clavo y la sal, luego agregue la harina, agregue las pasas y la pasta, bata las claras de huevo hasta que formen picos suaves, luego agregue la mezcla para pastel. Vierta en un molde para pastel de 23 cm / 9 engrasado y forrado y hornee en un horno precalentado a 200 ° C / 400 ° F / marca de gas 6 durante 1 hora hasta que esté dorado. Calentar la miel con cuidado y verterla sobre el bizcocho caliente. Servir tibio con crema.

Tarta italiana de nueces y mascarpone

Haz un pastel de 23 cm/9 pulgadas

450 g/1 libra de hojaldre

175 g/6 oz/¾ taza de queso mascarpone

50 g/2 oz/¼ taza de azúcar en polvo (superfina)

30 ml/2 cucharadas de mermelada de albaricoque (en conserva)

3 yemas de huevo

50 g/2 oz/½ taza de nueces picadas

100 g/4 oz/2/3 taza de cáscara picada mixta (confitada)

cáscara finamente rallada de 1 limón

Flormelis (repostería), tamizada, para limpiar

Estirar la masa y usar la mitad para forrar un flan de 23 cm/9 engrasado (bandeja). Batir el Mascarpone con el azúcar, la mermelada y 2 yemas de huevo. Reserve 15 ml/1 cucharada de las nueces para decorar, luego incorpore el resto a la mezcla con la ralladura mixta y la ralladura de limón. Vierta en el molde para pasteles (cáscara de pastel). Cubra el relleno con la masa restante (pasta), luego humedezca y selle los bordes. Batir la yema de huevo restante y pincelar por encima. Hornee en un horno precalentado a 200°C/400°F/nivel de gas 6 durante 35 minutos hasta que suba y se dore. Espolvorear con las nueces reservadas y espolvorear con azúcar glas.

Pastel de manzana holandesa

8 porciones

150g/5oz/2/3 taza de mantequilla o margarina

225 g/8 oz/2 tazas de harina para todo uso

5 ml/1 cucharadita de levadura en polvo

2 huevos, separados

10 ml/2 cucharaditas de jugo de limón

900 g / 2 lb de manzanas preparadas (ácidas) sin pelar, sin corazón y en rodajas

175 g/6 oz/1 taza de albaricoques secos listos para comer, cortados en cuartos

100 g/4 oz/2/3 taza de pasas

30 ml/2 cucharadas de agua

5 ml/1 cucharadita de canela molida

50 g/2 oz/½ taza de almendras molidas

Frote la mantequilla o la margarina en la harina y el polvo de hornear hasta que la mezcla parezca pan rallado. Agregue las yemas de huevo y 5 ml/1 cucharadita de jugo de limón y mezcle hasta obtener una masa suave. Extienda dos tercios de la masa (pasta) y utilícelos para forrar un molde para pastel engrasado de 23 cm/9 pulgadas.

Coloque las rodajas de manzana, los albaricoques y las pasas en una cacerola con el jugo de limón restante y el agua. Cocine a fuego lento durante 5 minutos, luego escurra. Vierta la fruta en el molde para pasteles. Mezcle la canela y las almendras molidas y espolvoree por encima. Estirar la masa restante y hacer una tapa para el pastel. Cierra el borde con un poco de agua y pinta la parte superior con clara de huevo. Hornee en un horno precalentado a

180 °C/350 °F/marca de gas 4 durante aprox. 45 minutos hasta que esté firme y dorado.

Torta sencilla noruega

Haz un pastel de 25 cm/10 pulgadas

225 g/8 oz/1 taza de mantequilla o margarina, blanda

275 g/10 oz/1¼ tazas de azúcar en polvo (superfina).

5 huevos

175 g/6 oz/1½ tazas de harina normal (para todo uso)

7,5 ml/1½ cucharadita de levadura en polvo

Una pizca de sal

5 ml/1 cucharadita de esencia de almendras (extracto)

Bate la mantequilla o margarina y el azúcar hasta que estén bien combinados. Poco a poco agregue los huevos, batiendo bien después de cada adición. Batir la harina, el polvo de hornear, la sal y la esencia de almendras hasta que quede suave. Vierta en un molde para pasteles de 25 cm/10 sin engrasar y hornee en un horno precalentado a 160 °C/320 °F/nivel de gas 3 durante 1 hora hasta que esté firme al tacto. Dejar enfriar en el molde durante 10 minutos antes de desmoldar sobre una rejilla para que termine de enfriarse.

Kransekake noruego

Haz un pastel de 25 cm/10 pulgadas

450 g/1 lb/4 tazas de almendras molidas

100 g/4 oz/1 taza de almendras amargas molidas

450 g/1 lb/22/3 tazas de azúcar en polvo (azúcar de repostería)

3 claras de huevo

Para el glaseado (frosting):
75 g/3 oz/½ taza de azúcar en polvo (azúcar de repostería).

½ clara de huevo

2,5 ml/½ cucharadita de jugo de limón

Mezcle las almendras y el azúcar glas en una cacerola. Agregue una clara de huevo y ponga la mezcla a fuego lento hasta que esté tibia. Retire del fuego y mezcle con las claras de huevo restantes.Vierta la mezcla en una manga pastelera con una boquilla estriada (punta) de 1 cm/½ in y haga una espiral de 25 cm/10 de diámetro en una bandeja para hornear engrasada. Continúe tocando en espirales, cada 5 mm/¼ de pulgada más pequeña que la anterior, hasta que tenga un círculo de 5 cm/2. Hornee en un horno precalentado a 150°C/300°F/nivel de gas 2 durante aprox. 15 minutos hasta que estén de color marrón claro. Mientras aún están calientes, apílelos para hacer una torre.

Mezcla los ingredientes del glaseado y forma líneas en zig-zag sobre todo el pastel a través de una boquilla fina.

Galletas de coco portuguesas

hacer 12

4 huevos, separados

450 g/1 lb/2 tazas de azúcar en polvo (super fina).

450 g/1 lb/4 tazas de coco deshidratado (rallado)

100 g/4 oz/1 taza de harina de arroz

50 ml/2 fl oz/3½ cucharadas de agua de rosas

1,5 ml/¼ de cucharadita de canela molida

1,5 ml/¼ de cucharadita de cardamomo molido

Una pizca de clavo molido

Una pizca de nuez moscada rallada

25 g/1 oz/¼ taza de almendras en hojuelas (en rodajas)

Batir las yemas de huevo y el azúcar hasta que estén suaves. Agregue el coco, luego agregue la harina, agregue el agua de rosas y las especias, bata las claras de huevo hasta que estén firmes, luego incorpórelas a la mezcla. Vierta en un molde para hornear cuadrado de 25 cm / 10 engrasado (molde) y espolvoree las almendras por encima. Hornee en un horno precalentado a 180 °C/350 °F/marca de gas 4 durante 50 minutos, hasta que al insertar un palillo en el centro, éste salga limpio. Dejar enfriar en el molde durante 10 minutos, luego cortar en cuadrados.

Torta de tosca escandinava

Haz un pastel de 23 cm/9 pulgadas

2 huevos

150g/5oz/2/3 taza de azúcar morena suave

50 g/2 oz/¼ taza de mantequilla o margarina, derretida

10 ml/2 cucharaditas de piel de naranja rallada

150 g/5 oz/1¼ tazas de harina para todo uso

7,5 ml/1½ cucharadita de levadura en polvo

60 ml/4 cucharadas de crema doble (pesada)

Para la cobertura:

50 g/2 oz/¼ taza de mantequilla o margarina

50 g/2 oz/¼ taza de azúcar en polvo (superfina)

100 g/4 oz/1 taza de almendras picadas

15 ml/1 cucharada de crema doble (pesada)

30 ml/2 cucharadas de harina normal (para todo uso)

Batir los huevos y el azúcar hasta que estén suaves y esponjosos. Incorporar la mantequilla o margarina y la ralladura de naranja, incorporar la harina y la levadura, incorporar la nata, verter la mezcla en un molde de 23cm/9 engrasado y forrado y hornear en horno precalentado a 180°C/350° C/gas marca 4 durante 20 minutos.

Para hacer la cobertura, caliente los ingredientes en una cacerola, revolviendo hasta que estén bien combinados, y deje hervir. Vierta sobre el pastel. Aumente la temperatura del horno a 200 °C/400 °F/marca de gas 6 y vuelva a colocar el pastel en el horno durante 15 minutos más hasta que se dore.

Galletas Hertzog sudafricanas

hacer 12

75 g/3 oz/¾ taza de harina para todo uso

15 ml/1 cucharada de azúcar de caña (super fina).

5 ml/1 cucharadita de levadura en polvo

Una pizca de sal

40 g/1½ oz/3 cucharadas de mantequilla o margarina

1 yema de huevo grande

5 ml/1 cucharadita de leche

Para el llenado:

30 ml/2 cucharadas de mermelada de albaricoque (en conserva)

1 clara de huevo grande

100 g/4 oz/½ taza de azúcar en polvo (superfina)

50 g/2 oz/½ taza de coco deshidratado (rallado)

Mezcle la harina, el azúcar, el polvo de hornear y la sal. Frote con mantequilla o margarina hasta que la mezcla parezca pan rallado. Mezcle la yema de huevo y suficiente leche para hacer una masa suave. Amasar bien. Extiende la masa sobre una superficie ligeramente enharinada, córtala en círculos con un cortador de galletas y utilízala para forrar bollos engrasados. Colocar una cucharada de mermelada en el centro de cada uno.

Para hacer el relleno, bata las claras de huevo a punto de nieve y luego el azúcar a punto de nieve y brillante. Agregue el coco, vierta el relleno en los moldes para pasteles y asegúrese de que cubra la mermelada. Hornee en un horno precalentado a 180°C/350°F/marca de gas 4 durante 20 minutos hasta que estén doradas. Dejar enfriar en los moldes durante 5 minutos antes de desmoldar sobre una rejilla para que termine de enfriarse.

pastel vasco

Haz un pastel de 25 cm/10 pulgadas

Para el llenado:

50 g/2 oz/¼ taza de azúcar en polvo (superfina)

25 g/1 oz/¼ taza de harina de maíz (fécula de maíz)

2 yemas de huevo

300 ml/½ pt/1¼ tazas de leche

½ vaina de vainilla (palo)

Un poco de azúcar glas (azúcar de repostería)

Para el pastel:

275 g/10 oz/1¼ tazas de mantequilla o margarina, blanda

175 g/5 oz/¼ taza de azúcar en polvo (superfina).

3 huevos

5 ml/1 cucharadita esencia de vainilla (extracto)

450 g/1 lb/4 tazas de harina para todo uso

10 ml/2 cucharaditas de levadura en polvo

Una pizca de sal

15 ml/1 cucharada de brandy

Azúcar glas (de repostería) para secar

Para hacer el relleno, bate la mitad del azúcar impalpable con la harina de maíz, las yemas de huevo y un poco de leche. Lleve a ebullición el resto de la leche y el azúcar con la vaina de vainilla, luego vierta lentamente la mezcla de azúcar y huevo, batiendo constantemente. Llevar a ebullición y cocinar durante 3 minutos, batiendo constantemente. Verter en un bol, espolvorear con azúcar glas para evitar que se forme una costra y dejar enfriar.

Para hacer el pastel, mezcle mantequilla o margarina y azúcar en polvo hasta que esté suave y esponjoso. Batir poco a poco los huevos y la esencia de vainilla alternando con cucharadas de harina, polvo de hornear y sal, luego incorporar el resto de la harina, pasar la mezcla a una manga pastelera con boquilla normal de 1 cm/½ in (punta) y verter la mitad de la mezcla en una espiral en el fondo de un molde para pastel de 25 cm/10 engrasado y enharinado (forma). Forma un círculo en la parte superior alrededor del borde para formar un borde que contenga el relleno. Deseche la vaina de vainilla del relleno, agregue el brandy y bata hasta que quede suave, luego vierta sobre la mezcla para pastel. Vierta la mezcla de pastel restante en espiral sobre la parte superior. Hornee en un horno precalentado a 190°C/375°F/nivel de gas 5 durante 50 minutos hasta que estén doradas y firmes al tacto. Dejar enfriar, luego espolvorear con azúcar glas.

Prisma de queso crema y almendras

Haz un pastel de 23 cm/9 pulgadas

200 g/7 oz/1¾ tazas de mantequilla o margarina, suavizada

100 g/4 oz/½ taza de azúcar en polvo (superfina)

1 huevo

200 g/7 oz/pequeño 1 taza de queso crema

5 ml/1 cucharadita de jugo de limón

2,5 ml/½ cucharadita de canela molida

75 ml/5 cucharadas de brandy

90 ml/6 cucharadas de leche

30 bizcochos finos (galletas)

Para el glaseado (frosting):

60 ml/4 cucharadas de azúcar glas

30 ml/2 cucharadas de cacao (chocolate sin azúcar) en polvo

100 g/4 oz/1 taza de chocolate normal (semidulce)

60 ml/4 cucharadas de agua

50 g/2 oz/¼ taza de mantequilla o margarina

100 g/4 oz/1 taza de almendras en hojuelas (en rodajas)

Bate la mantequilla o la margarina y el azúcar hasta que quede suave y esponjoso. Batir los huevos, el queso crema, el jugo de limón y la canela.Colocar una hoja grande de papel aluminio sobre una superficie de trabajo. Mezclar el brandy y la leche. Sumerja 10 galletas en la mezcla de brandy y coloque dos galletas de alto y cinco de largo sobre el papel aluminio en un rectángulo. Extienda la mezcla de queso sobre las galletas. Sumerja las galletas restantes en el brandy y la leche y colóquelas encima de la mezcla para formar una forma triangular alargada. Doble el papel aluminio y enfríe durante la noche.

Para hacer el glaseado, hierva el azúcar, el cacao, el chocolate y el agua en una cacerola pequeña y hierva durante 3 minutos. Retirar del fuego y batir en la mantequilla.Dejar enfriar un poco. Retire el papel de aluminio de la torta y extienda la mezcla de chocolate por encima Mientras aún están calientes, presione las almendras. Enfriar hasta que cuaje.

Tarta Selva Negra

Haz un pastel de 18 cm/7 pulgadas

175 g/6 oz/¾ taza de mantequilla o margarina, blanda

175 g/6 oz/¾ taza de azúcar en polvo (super fina).

3 huevos, ligeramente batidos

150 g/5 oz/1¼ tazas de harina leudante (autoleudante)

25 g/1 oz/¼ taza de cacao (chocolate sin azúcar) en polvo

10 ml/2 cucharaditas de levadura en polvo

90 ml/6 cucharadas mermelada de cerezas (en conserva)

100 g/4 oz/1 taza de chocolate natural (semidulce), finamente rallado

400g/14oz/1 lata grande de cerezas negras, escurridas y con el jugo reservado

150 ml/¼ pt/2/3 taza de crema doble (espesa), batida

10 ml/2 cucharaditas de arrurruz

Bate la mantequilla o la margarina y el azúcar hasta que quede suave y esponjoso. Batir los huevos poco a poco, luego incorporar la harina, el cacao y el polvo de hornear.Dividir la mezcla entre dos moldes para sándwich (sartenes) de 18 cm/7 engrasados y forrados y hornear en horno precalentado a 180°C/350°F/gas marca 4 por 25 minutos hasta que esté firme al tacto. Dejar enfriar.

Unte los pasteles con un poco de mermelada y extienda el resto sobre los lados del pastel. Presiona el chocolate rallado sobre los lados del pastel. Coloque las cerezas bellamente sobre la parte superior. Extienda la crema alrededor del borde superior del pastel. Calentar el arrurruz con un poco de jugo de cereza y pincelar sobre la fruta para glasear.

Tarta de chocolate y almendras

Haz un pastel de 23 cm/9 pulgadas

100 g/4 oz/1 taza de chocolate normal (semidulce)

100 g/4 oz/½ taza de mantequilla o margarina, blanda

150 g/5 oz/2/3 taza de azúcar en polvo (super fina).

3 huevos, separados

50 g/2 oz/½ taza de almendras molidas

100 g/4 oz/1 taza de harina para todo uso

Para el llenado:

225 g/8 oz/2 tazas de chocolate natural (semidulce)

300 ml/½ pt/1¼ tazas de crema doble (pesada)

75 g/3 oz/¼ taza de mermelada de frambuesa (enlatada)

Derrita el chocolate en un recipiente resistente al calor sobre una cacerola con agua ligeramente hirviendo. Mezcle la mantequilla o la margarina y el azúcar, luego incorpore el chocolate y las yemas de huevo, incorpore las almendras molidas y la harina, bata las claras de huevo a punto de nieve y luego incorpórelas a la mezcla. Vierta en un molde para pasteles de 23 cm/9 engrasado y forrado y hornee en un horno precalentado a 180 °C/350 °F/nivel de gas 4 durante 40 minutos hasta que esté firme al tacto. Deje que se enfríe, luego corte el pastel por la mitad horizontalmente.

Para hacer el relleno, derrita el chocolate y la nata en un recipiente resistente al calor sobre una olla con agua ligeramente hirviendo. Mezcle hasta que quede suave, luego deje que se enfríe, revolviendo ocasionalmente. Untar los bizcochos con la mermelada y la mitad de la crema de chocolate, luego extender la nata restante por encima y por los lados del bizcocho y dejar reposar.

Pastel de queso con chocolate

Haz un pastel de 23 cm/9 pulgadas

Para la base:

25 g / 1 oz / 2 cucharadas de azúcar en polvo (superfino).

175 g/6 oz/1½ tazas de migas de galleta digestiva (galleta graham)

75 g/3 oz/1/3 taza de mantequilla o margarina, derretida

Para el llenado:

100 g/4 oz/1 taza de chocolate normal (semidulce)

300 g/10 oz/1¼ tazas de queso crema

3 huevos, separados

45 ml/3 cucharadas de cacao (chocolate sin azúcar) en polvo

25 g/1 oz/¼ taza de harina para todo uso

50 g/2 oz/¼ taza de azúcar morena suave

150 ml/¼ pt/2/3 taza de crema agria (ácido láctico)

50 g/2 oz/¼ taza de azúcar glas (superfina) Para decorar:

100 g/4 oz/1 taza de chocolate normal (semidulce)

25 g/1 oz/2 cucharadas de mantequilla o margarina

120 ml/4 fl oz/½ taza de crema doble (pesada)

6 cerezas glaseadas (confitadas)

Para hacer la base, revuelva el azúcar y las galletas en la mantequilla derretida y presione en la base y los lados de un molde desmontable engrasado de 23 cm/9.

Para hacer el relleno, derrita el chocolate en un recipiente resistente al calor sobre una cacerola con agua ligeramente hirviendo. Dejar enfriar un poco. Batir el queso con las yemas de huevo, el cacao, la harina, el azúcar moreno y la nata fresca, luego mezclar con el chocolate derretido, batir las claras de huevo hasta que formen picos suaves, luego agregar el azúcar glas y volver a batir hasta que estén firmes y brillantes. Incorpore la mezcla con una cuchara de metal y vierta sobre la base para nivelar la superficie. Hornee en un horno precalentado a 160°C/325°F/gas marca 3 durante 1½ horas. Apagar el horno y dejar enfriar la tarta en el horno con la puerta entreabierta. Enfríe hasta que esté firme, luego retírelo de la lata.

Para decorar, derrita el chocolate y la mantequilla o margarina en un recipiente resistente al calor sobre una cacerola con agua ligeramente hirviendo. Retire del fuego y deje que se enfríe un poco, luego incorpore la crema, vierta el chocolate sobre la parte superior del pastel en patrones, luego adorne con las cerezas confitadas.

Tarta De Fudge De Chocolate

Haz un pastel de 20 cm/8 pulgadas

75 g/3 oz/¾ taza de chocolate natural (semidulce), picado

200 ml/7 fl oz/pequeño 1 taza de leche

225 g/8 oz/1 taza de azúcar morena oscura

75 g/3 oz/1/3 taza de mantequilla o margarina, blanda

2 huevos, ligeramente batidos

2,5 ml/½ cucharadita de esencia de vainilla (extracto)

150 g/5 oz/1¼ tazas de harina para todo uso

25 g/1 oz/¼ taza de cacao (chocolate sin azúcar) en polvo

5 ml/1 cucharadita de bicarbonato de sodio (polvo para hornear)

Para el glaseado (frosting):

100 g/4 oz/1 taza de chocolate normal (semidulce)

100 g/4 oz/½ taza de mantequilla o margarina, blanda

225 g/8 oz/11/3 tazas de azúcar en polvo (azúcar de repostería), tamizada

Copos de chocolate o rizos para decorar

Derrita el chocolate, la leche y 75 g/3 oz/1/3 taza de azúcar en una cacerola, luego deje que se enfríe un poco. Batir la mantequilla y el azúcar restante juntos hasta que estén suaves y esponjosos. Batir poco a poco los huevos y la esencia de vainilla, luego agregar la mezcla de chocolate. Incorporar con cuidado la harina, el cacao y la soda. Verter la mezcla en dos moldes para sándwich (sartenes) de 20 cm / 8 engrasados y forrados y hornear en un horno precalentado a 180 °C/350° F/marca de gas 4 durante 30 minutos hasta que esté elástico al tacto. Dejar enfriar en los moldes durante 3 minutos, luego desmoldar sobre una rejilla para que termine de enfriarse.

Para hacer el glaseado, derrita el chocolate en un recipiente resistente al calor sobre una cacerola con agua ligeramente hirviendo. Bate la mantequilla o la margarina y el azúcar hasta que estén suaves, luego agrega el chocolate derretido.Cepille los pasteles con un tercio del glaseado, luego extienda el resto sobre la parte superior y los lados del pastel. Decore la parte superior con hojuelas desmenuzadas o haga rizos raspando con un cuchillo afilado el costado de una barra de chocolate.

Tarta De Algarroba Y Menta

Haz un pastel de 20 cm/8 pulgadas

3 huevos

50 g/2 oz/¼ taza de azúcar en polvo (superfina)

75 g/3 oz/1/3 taza de harina leudante (autoleudante)

25 g/1 oz/¼ taza de polvo de algarroba

150 ml/¼ pt/2/3 taza de nata para montar

Unas gotas de esencia de menta (extracto)

50 g/2 oz/½ taza de nueces mixtas picadas

Batir los huevos hasta que estén pálidos. Agregue el azúcar y continúe hasta que la mezcla esté pálida y cremosa y se desprenda del batidor en cintas. Esto puede tomar de 15 a 20 minutos. Mezcle la harina y el polvo de algarroba e incorpórelos a la mezcla de huevo. Vierta en dos moldes para pasteles de 20 cm/18 engrasados y forrados y hornee en un horno precalentado a 180 °C/350 °F/nivel de gas 4 durante 15 minutos hasta que esté elástico al tacto. Fresco.

Montar la nata a punto de nieve, incorporar la esencia y las nueces, cortar cada bizcocho por la mitad horizontalmente y colocar todos los bizcochos junto con la nata.

Pastel de café helado

Haz un pastel de 18 cm/7 pulgadas

225 g/8 oz/1 taza de mantequilla o margarina

100 g/4 oz/½ taza de azúcar en polvo (superfina)

2 huevos, ligeramente batidos

100 g/4 oz/1 taza de harina leudante (autoleudante)

Una pizca de sal

30 ml/2 cucharadas de esencia de café (extracto)

100 g/4 oz/1 taza de almendras en hojuelas (en rodajas)

225 g/8 oz/11/3 tazas de azúcar en polvo (azúcar de repostería), tamizada

Revuelva la mitad de la mantequilla o margarina y el azúcar extrafino hasta que quede suave y esponjoso. Incorporar poco a poco los huevos, luego incorporar la harina, la sal y 15ml/1 cucharada de esencia de café, verter la mezcla en dos moldes para bocadillos de 18cm/7 engrasados y forrados y hornear en horno precalentado a 180°C/ 350 °F/marca de gas 4 durante 25 minutos hasta que esté firme al tacto. Dejar enfriar. Poner las almendras en una sartén seca y tostarlas a fuego medio, moviendo constantemente la sartén, hasta que estén doradas.

Bate el resto de la mantequilla o margarina hasta que esté blanda, luego incorpora poco a poco el azúcar glas y la esencia de café restante hasta que tengas una consistencia para untar. Sandwich los pasteles junto con un tercio del glaseado (glaseado). Extienda la mitad del glaseado restante alrededor de los lados del pastel y presione las almendras tostadas en el glaseado. Extienda el resto sobre la parte superior del pastel y marque los patrones con un tenedor.

Anillo de café y nuez Gâteau

Haz un pastel de 23 cm/9 pulgadas

Para el pastel:

15 ml/1 cucharada de café instantáneo en polvo

15 ml/1 cucharada de leche

100 g/4 oz/1 taza de harina leudante (autoleudante)

5 ml/1 cucharadita de levadura en polvo

100 g/4 oz/½ taza de mantequilla o margarina, blanda

100 g/4 oz/½ taza de azúcar en polvo (superfina)

2 huevos, ligeramente batidos

Para el llenado:

45ml/3 cucharadas de mermelada de albaricoque (conserva), tamizada (tamizada)

15 ml/1 cucharada de agua

10 ml/2 cucharaditas de café instantáneo en polvo

30 ml/2 cucharadas de leche

100 g/4 oz/2/3 taza de azúcar en polvo (azúcar de repostería), tamizada

50 g/2 oz/¼ taza de mantequilla o margarina, blanda

50 g/2 oz/½ taza de nueces picadas

Para el glaseado (frosting):

30 ml/2 cucharadas de café instantáneo en polvo

90 ml/6 cucharadas de leche

450 g/1 lb/22/3 tazas de azúcar en polvo, tamizada

50 g/2 oz/¼ taza de mantequilla o margarina

Unas mitades de nuez para decorar

Para hacer el pastel, disuelva el café en la leche, luego mezcle los ingredientes restantes del pastel y bata hasta que estén bien combinados. Vierta en un molde circular (tubo) de 23 cm/9 engrasado y hornee en un horno precalentado a 160 °C/325 °F/nivel de gas 3 durante 40 minutos hasta que esté elástico al tacto. Dejar enfriar en el molde durante 5 minutos y desmoldar sobre una rejilla para que termine de enfriarse. Cortar el bizcocho por la mitad horizontalmente.

Para hacer el relleno, caliente la mermelada y el agua hasta que estén bien mezclados, luego cepille las superficies cortadas del pastel. Disuelva el café en la leche, luego mezcle el azúcar glas con la mantequilla o margarina y las nueces y bata hasta que tenga una consistencia untable. Extender las dos mitades de la tarta junto con el relleno.

Para hacer el glaseado, disuelva el café en la leche en un recipiente resistente al calor sobre una olla con agua ligeramente hirviendo. Agregue azúcar glas y mantequilla o margarina y bata hasta que quede suave. Retire del fuego y deje que se enfríe y espese hasta obtener la consistencia de una capa, batiendo de vez en cuando. Verter el glaseado sobre la tarta, decorar con mitades de nuez y dejar endurecer.

Pastel danés de chocolate y natillas

Haz un pastel de 23 cm/9 pulgadas

4 huevos, separados

175 g/6 oz/1 taza de azúcar en polvo, tamizada

cáscara rallada de ½ limón

60 g/2½ oz/2/3 taza de harina para todo uso

60 g/2½ oz/2/3 taza de harina de patata

2,5 ml/½ cucharadita de levadura en polvo

Para el llenado:
45 ml/3 cucharadas de azúcar glas (superfino) azúcar

15 ml/1 cucharada de harina de maíz (fécula de maíz)

300 ml/½ pt/1¼ tazas de leche

3 yemas de huevo, batidas

50 g/2 oz/½ taza de nueces mixtas picadas

150 ml/¼ pt/2/3 taza de crema doble (pesada)

Para la cobertura:
100 g/4 oz/1 taza de chocolate normal (semidulce)

30 ml/2 cucharadas de crema doble (pesada)

25 g/1 oz/¼ taza de chocolate blanco, rallado o cortado en rizos

Batir las yemas de huevo con el azúcar glas y la ralladura de limón. Agrega la harina y el polvo de hornear, bate las claras de huevo hasta que estén firmes y luego incorpóralas a la mezcla con una cuchara de metal. Vierta en un molde para pasteles de 23 cm/9 engrasado y forrado y hornee en un horno precalentado a 190 °C/375 °F/nivel de gas 5 durante 20 minutos, hasta que esté dorado y elástico al tacto. Dejar enfriar en el molde durante 5 minutos y desmoldar sobre una rejilla para que termine de enfriarse. Corta el pastel horizontalmente en tres capas.

Para hacer el relleno, licúa el azúcar y la harina de maíz hasta formar una pasta con un poco de leche. Lleve la leche restante a ebullición, luego vierta sobre la mezcla de harina de maíz y mezcle bien. Regrese a la sartén enjuagada y revuelva constantemente a fuego muy bajo hasta que la crema espese. Batir las yemas de huevo a fuego muy lento sin dejar hervir la nata. Deje que se enfríe un poco, luego agregue las nueces, bata la crema hasta que esté firme, luego incorpórela a la crema. Extender las capas junto con la nata.

Para hacer la cobertura, derrita el chocolate con la nata en un recipiente resistente al calor sobre una cacerola con agua ligeramente hirviendo. Extender por encima de la tarta y decorar con chocolate blanco rallado.

pastel de frutas

Haz un pastel de 20 cm/8 pulgadas

1 manzana hirviendo (ácida), pelada, sin corazón y picada

25 g/1 oz/¼ taza de higos secos picados

25 g/1 oz/¼ taza de pasas

75 g/3 oz/1/3 taza de mantequilla o margarina, blanda

2 huevos

175 g/6 oz/1½ tazas de harina integral (trigo integral).

5 ml/1 cucharadita de levadura en polvo

30 ml/2 cucharadas de leche desnatada

15 ml/1 cucharada de gelatina

30 ml/2 cucharadas de agua

400 g/14 oz/1 lata grande de piña picada, escurrida

300 ml/½ pt/1¼ tazas de queso fresco

150 ml/¼ pt/2/3 taza de nata para montar

Mezcle la manzana, los higos, las pasas y la mantequilla o margarina. Batir los huevos, agregar la harina y el polvo de hornear y suficiente leche para hacer una mezcla suave. Verter en un molde para pastel de 20 cm/8 engrasado y hornear en un horno precalentado a 180 °C/350 °F/nivel de gas 4 durante 30 minutos hasta que esté firme al tacto. Sácalo del molde y enfríalo sobre una rejilla.

Para hacer el relleno, espolvorea la gelatina sobre el agua en un bol pequeño y deja que se esponje. Colocar el bol en una cacerola con agua caliente y dejar hasta que se disuelva. Dejar enfriar un poco. Agregue la piña, el queso fresco y la crema y deje enfriar hasta que cuaje. Cortar el bizcocho por la mitad horizontalmente y untarlo con la nata.

Savarin de frutas

Haz un pastel de 20 cm/8 pulgadas

15 g/½ oz de levadura fresca o 20 ml/4 cucharaditas de levadura seca

45 ml/3 cucharadas de leche tibia

100 g/4 oz/1 taza de harina normal pesada (de pan)

Una pizca de sal

5 ml/1 cucharadita de azúcar

2 huevos batidos

50 g/2 oz/¼ taza de mantequilla o margarina, blanda

Para el almíbar:
225 g/8 oz/1 taza de azúcar en polvo (superfina)

300 ml/½ pinta/1¼ tazas de agua

45 ml/3 cucharadas de kirsch

Para el llenado:
2 plátanos

100 g/4 oz de fresas, en rodajas

100 g de frambuesas

Mezcle la levadura y la leche, luego incorpore 15 ml/1 cucharada de harina y deje hasta que esté espumoso. Agrega el resto de la harina, la sal, el azúcar, el huevo y la mantequilla y bate hasta tener una masa suave. Verter en un savarin o aro (forma de tubo) de 20 cm/8 engrasado y enharinado y dejar reposar en un lugar cálido durante aprox. 45 minutos, hasta que la mezcla casi llegue a la parte superior del molde. Hornee en un horno precalentado durante 30 minutos hasta que estén dorados y se encojan de los lados de la lata. Se desmolda sobre una rejilla sobre una bandeja y se pincha todo con una brocheta.

Mientras el savarín está hirviendo, hacer el almíbar. Disuelva el azúcar en el agua a fuego lento y revuelva ocasionalmente. Lleve a ebullición y cocine a fuego lento sin revolver durante 5 minutos hasta que esté almibarado. Agregue el kirsch y vierta el almíbar caliente sobre el savarin hasta que esté saturado. Dejar enfriar.

Cortar los plátanos en rodajas finas y mezclar con la otra fruta y el almíbar que ha chorreado en la bandeja. Coloque savarin en un plato y vierta la fruta en el centro justo antes de servir.

pastel de capas de jengibre

Haz un pastel de 18 cm/7 pulgadas

100 g/4 oz/1 taza de harina leudante (autoleudante)

5 ml/1 cucharadita de levadura en polvo

100 g/4 oz/½ taza de mantequilla o margarina, blanda

100 g/4 oz/½ taza de azúcar en polvo (superfina)

2 huevos

Para relleno y decoración:
150 ml/¼ pt/2/3 taza de crema batida o crema doble (pesada)

100 g/4 oz/1/3 taza de mermelada de jengibre

4 galletas de jengibre (galletas), trituradas

Unos trocitos de jengibre cristalizado (confitado)

Bate todos los ingredientes de la torta hasta que estén bien combinados. Verter en dos moldes para sándwich de 18 cm/7 engrasados y forrados y hornear en un horno precalentado a 160 °C/325 °F/nivel de gas 3 durante 25 minutos, hasta que estén dorados y elásticos al tacto. Dejar enfriar en los moldes durante 5 minutos, luego desmoldar sobre una rejilla para que termine de enfriarse. Corta cada pastel por la mitad horizontalmente.

Para hacer el relleno, montar la nata a punto de nieve. Extienda la capa inferior de un pastel con la mitad de la mermelada y coloque la segunda capa encima. Untar con la mitad de la nata y cubrir con la siguiente capa. Untar con la mermelada restante y cubrir con la última capa. Extiende la crema restante encima y decora con galletas y jengibre cristalizado.

Pastel de uva y durazno

Haz un pastel de 20 cm/8 pulgadas

4 huevos

100 g/4 oz/½ taza de azúcar en polvo (superfina)

75 g/6 oz/1½ tazas de harina para todo uso

Una pizca de sal

Para relleno y decoración:

100g/14oz/1 lata grande de duraznos en almíbar

450 ml/¾ pt/2 tazas de crema doble (pesada)

50 g/2 oz/¼ taza de azúcar en polvo (superfina)

Unas gotas de esencia de vainilla (extracto)

100 g/4 oz/1 taza de avellanas picadas

100 g / 4 oz de uvas sin semillas (sin hueso)

Una ramita de menta fresca

Bate los huevos y el azúcar hasta que la mezcla esté espesa y pálida y se desprenda del batidor en cintas. Tamizar la harina y la sal y mezclar suavemente hasta que se mezclen. Vierta en un molde desmontable de 20 cm / 8 engrasado y forrado y hornee en un horno precalentado a 180 ° C / 350 ° F / marca de gas 4 durante 30 minutos, hasta que un palillo insertado en el centro salga limpio. Dejar enfriar en el molde durante 5 minutos y desmoldar sobre una rejilla para que termine de enfriarse. Cortar el bizcocho por la mitad horizontalmente.

Escurra los melocotones y guarde 90 ml/6 cucharadas del almíbar. Cortar en rodajas finas la mitad de los melocotones y picar el resto. Batir la nata con el azúcar y la esencia de vainilla hasta que espese. Extienda la mitad de la crema sobre la capa inferior del pastel, espolvoree con los melocotones picados y coloque la parte superior del pastel en su lugar. Extienda la crema restante alrededor de los lados y sobre la parte superior del pastel. Presione las nueces picadas alrededor de los lados. Coloca los duraznos en rodajas alrededor del borde de la parte superior del pastel y las uvas en el centro. Decorar con una ramita de menta.

Pastel de limón

Haz un pastel de 18 cm/7 pulgadas

Para el pastel:

100 g/4 oz/½ taza de mantequilla o margarina, blanda

100 g/4 oz/½ taza de azúcar en polvo (superfina)

2 huevos, ligeramente batidos

100 g/4 oz/1 taza de harina leudante (autoleudante)

Una pizca de sal

Corteza rallada y jugo de 1 limón

Para el glaseado (frosting):

100 g/4 oz/½ taza de mantequilla o margarina, blanda

225 g/8 oz/11/3 tazas de azúcar en polvo (azúcar de repostería), tamizada

100 g/4 oz/1/3 taza de cuajada de limón

Esmalte de flores para decoración.

Para hacer el pastel, mezcle la mantequilla o la margarina y el azúcar hasta que quede suave y esponjoso. Poco a poco agregue los huevos, luego agregue la harina, la sal y la ralladura de limón.Vierta la mezcla en dos moldes para sándwich (sartenes) de 18 cm / 7 engrasados y forrados y hornee en un horno precalentado a 180 ° C / 350 ° F / marca de gas 4 durante 25 minutos, hasta que esté firme al tacto. Dejar enfriar.

Para hacer el glaseado, bata la mantequilla o margarina hasta que esté suave, luego agregue el azúcar glas y el jugo de limón para obtener una consistencia untable. Unte los pasteles con la cuajada de limón y distribuya tres cuartas partes del glaseado sobre la parte superior y los lados del pastel, marcándolos en patrones con un tenedor. Ponga el resto del glaseado en una manga pastelera con una boquilla de estrella (punta) y coloque rosetas alrededor de la parte superior del pastel. Adorne con flores de glaseado.

pastel marrón

Haz un pastel de 25 cm/10 pulgadas

425 g/15 oz/1 lata grande de puré de castañas

6 huevos, separados

5 ml/1 cucharadita esencia de vainilla (extracto)

5 ml/1 cucharadita de canela molida

350 g/12 oz/2 tazas de azúcar en polvo, tamizada

100 g/4 oz/1 taza de harina para todo uso

5 ml/1 cucharadita de gelatina en polvo

30 ml/2 cucharadas de agua

15 ml/1 cucharada de ron

300 ml/½ pt/1¼ tazas de crema doble (pesada)

90 ml/6 cucharadas de mermelada de albaricoque (conserva), tamizada (tamizada)

30 ml/2 cucharadas de agua

450 g/1 lb/4 tazas de chocolate natural (semidulce), partido en trozos

100g/4oz de pasta de almendras

30 ml/2 cucharadas de pistachos picados

Tamice el puré de castañas y revuelva hasta que quede suave, luego divídalo por la mitad. Mezcle una mitad con las yemas de huevo, la esencia de vainilla, la canela y 50 g/2 oz/1/3 taza de azúcar en polvo. Bate las claras de huevo hasta que estén firmes, luego agrega gradualmente 175 g/6 oz/1 taza de azúcar en polvo hasta que la mezcla forme picos rígidos. Agregue la yema de huevo y la mezcla de castañas. Incorporar la harina y verter en un molde para tartas de 25 cm/10 engrasado y forrado. Hornee en un horno precalentado a 180°C/350°F/gas marca 4 durante 45 minutos hasta que esté elástico al tacto. Dejar enfriar, luego tapar y dejar toda la noche.

Espolvorear la gelatina sobre el agua en un bol y dejar hasta que quede esponjosa. Colocar el bol en una cacerola con agua caliente y dejar hasta que se disuelva. Dejar enfriar un poco. Mezclar el puré de castañas restante con el azúcar glas restante y el ron. Montar la nata a punto de nieve y luego incorporarla al puré con la gelatina disuelta. Cortar el bizcocho horizontalmente en tercios y untarlo con el puré de castañas. Recorte los bordes, luego refrigere por 30 minutos.

Hierva la mermelada con el agua hasta que esté bien mezclada, luego cepille la parte superior y los lados del pastel. Derrita el chocolate en un recipiente resistente al calor sobre una cacerola con agua ligeramente hirviendo. Forme la mezcla de almendras en 16 formas de castañas. Mojar el fondo en el chocolate derretido y luego en los pistachos. Extienda el chocolate restante sobre la parte superior y los lados del pastel y alise la superficie con una espátula. Disponer las castañas de mazapán por el borde mientras el chocolate aún está caliente y marcar en 16 rebanadas. Dejar enfriar y endurecer.

Milhojas

Haz un pastel de 23 cm/9 pulgadas

hojaldre de 225 g / 8 oz

150 ml/¼ pt/2/3 taza doble (pesada) o crema batida

45 ml/3 cucharadas de mermelada de frambuesa (en conserva)

Flormelis (pastelero), acusado

Estirar la masa (pasta) a aprox. 3 mm/1/8 de grosor y córtalo en tres rectángulos iguales. Coloque en una bandeja para hornear humedecida y hornee en un horno precalentado a 200°C/400°F/nivel de gas 6 durante 10 minutos hasta que estén doradas. Dejar enfriar sobre una rejilla. Batir la nata a punto de nieve. Extienda la mermelada sobre la parte superior de dos de los rectángulos de pastel. Unte los rectángulos con la crema y ponga la crema restante encima. Servir espolvoreado con azúcar glas.

Pastel de naranja

Haz un pastel de 18 cm/7 pulgadas

225 g/8 oz/1 taza de mantequilla o margarina, blanda

100 g/4 oz/½ taza de azúcar en polvo (superfina)

2 huevos, ligeramente batidos

100 g/4 oz/1 taza de harina leudante (autoleudante)

Una pizca de sal

Piel rallada y zumo de 1 naranja

225 g/8 oz/11/3 tazas de azúcar en polvo (azúcar de repostería), tamizada

Rodajas de naranja glacé (confitada) para decorar

Revuelva la mitad de la mantequilla o margarina y el azúcar extrafino hasta que quede suave y esponjoso. Poco a poco agregue los huevos, luego agregue la harina, la sal y la ralladura de naranja.Vierta la mezcla en dos moldes para sándwich (sartenes) de 18 cm / 7 engrasados y forrados y hornee en un horno precalentado a 180 ° C / 350 ° F / marca de gas 4 durante 25 minutos, hasta que esté firme al tacto. Dejar enfriar.

Bate la mantequilla o margarina restante hasta que esté suave, luego agrega el azúcar glas y el jugo de naranja para obtener una consistencia untable. Extienda un tercio del glaseado sobre los pasteles, luego extienda el resto sobre la parte superior y los lados del pastel, marcando patrones con un tenedor. Decorar con rodajas de naranja glaseada.

Tarta de cuatro capas de mermelada de naranja

Haz un pastel de 23 cm/9 pulgadas

Para el pastel:

200 ml/7 fl oz/pequeño 1 taza de agua

25 g/1 oz/2 cucharadas de mantequilla o margarina

4 huevos, ligeramente batidos

300 g/11 oz/11/3 tazas de azúcar en polvo (super fina).

5 ml/1 cucharadita esencia de vainilla (extracto)

300 g/11 oz/2¾ tazas de harina para todo uso

10 ml/2 cucharaditas de levadura en polvo

Una pizca de sal

Para el llenado:

30 ml/2 cucharadas de harina normal (para todo uso)

30 ml/2 cucharadas de harina de maíz (fécula de maíz)

15 ml/1 cucharada de azúcar de caña (super fina).

2 huevos, separados

450 ml/¾ pt/2 tazas de leche

5 ml/1 cucharadita esencia de vainilla (extracto)

120 ml/4 fl oz/½ taza de jerez dulce

175 g/6 oz/½ taza de mermelada de naranja

120 ml/4 fl oz/½ taza de crema doble (pesada)

100 g/4 oz de maní quebradizo, triturado

Para hacer el bizcocho se pone a hervir agua con mantequilla o margarina. Batir los huevos y el azúcar hasta que estén pálidos y espumosos, luego continuar batiendo hasta que la mezcla esté muy ligera. Agregue la esencia de vainilla, espolvoree la harina, el polvo de hornear y la sal y vierta la mezcla de mantequilla y agua hirviendo. Mezcle hasta que se mezclen. Vierta en dos moldes para sándwich (sartenes) de 23 cm/9 engrasados y enharinados y hornee en un horno precalentado a 180 °C/350 °F/nivel de gas 4 durante 25 minutos, hasta que estén dorados y elásticos al tacto. Dejar enfriar en los moldes durante 3 minutos, luego desmoldar sobre una rejilla para que termine de enfriarse. Corta cada pastel por la mitad horizontalmente.

Para hacer el relleno se mezcla la harina, la harina de maíz, el azúcar y las yemas de huevo hasta formar una pasta con un poco de leche. Lleve a ebullición la leche restante en una cacerola, luego viértala en la mezcla y bata hasta que quede suave. Regrese a la cacerola enjuagada y deje hervir a fuego lento, revolviendo constantemente, hasta que espese. Retire del fuego y agregue la esencia de vainilla, luego deje que se enfríe un poco. Bate las claras de huevo a punto de nieve, luego dóblalas.

Rocíe el jerez sobre las cuatro capas de pastel, unte tres con mermelada y luego extienda la crema pastelera por encima. Ensamble las capas para un sándwich de cuatro capas. Montar la nata a punto de nieve y verterla sobre la parte superior de la tarta. Espolvorear con maní quebradizo.